Come flirtare con gli uomini:

Come flirtare con le comunicazioni verbali per segnalare un desiderio di sesso, capire gli uomini con l'arte della seduzione e l'intelligenza sessuale

Accademia dell'Amore

informazioni qui contenute, sia direttamente che indirettamente. L'autore possiede tutti i diritti d'autore non detenuti dall'editore.

Le informazioni qui contenute sono fornite esclusivamente a scopo educativo e sono universali. La presentazione dei dati è senza accordo contrattuale o qualsiasi tipo di assicurazione di garanzia.

Tutti i marchi all'interno di questo libro sono solo a scopo di chiarimento e sono posseduti dai proprietari stessi, non alleati con questo documento.

Disclaimer

Tutta l'erudizione fornita in questo libro è specificata solo per scopi educativi e accademici. L'autore non è in alcun modo responsabile dei risultati che emergono dall'utilizzo di questo libro. Sono stati fatti sforzi costruttivi per rendere le informazioni precise ed efficaci, tuttavia, l'autore non deve essere ritenuto responsabile dell'accuratezza o dell'uso/abuso di queste informazioni.

Prefazione

Vorrei ringraziarti per aver fatto il primo passo di fidarti di me e aver deciso di acquistare/leggere questo libro che trasforma la vita. Grazie per aver investito il tuo tempo e le tue risorse su questo prodotto.

Posso assicurarvi dei risultati precisi se seguirete diligentemente il programma specifico che metto a nudo nel manuale informativo che state controllando. Ha trasformato delle vite, e credo fermamente che cambierà anche la vostra vita.

Tutte le informazioni che ho fornito in questo pezzo Do It Yourself sono facili da assorbire e praticare.

Tabella dei contenuti

CAPITOLO UNO

Come attrarre un uomo

Far innamorare un ragazzo di te non sembra un hobby normale, e la maggior parte delle signore testimonierebbe che l'esperienza può diventare un po' aggravante per le parole. Sono finiti i giorni in cui l'amore sembra essere qualcosa che solo il destino permette-- ora, è possibile, produrre attrazione turistica e rendere quel ragazzo tuo finalmente!

Diventa amichevole. Questo è il fascino di essere una ragazza: familiarizzare con un ragazzo non gli farà pensare che ci stai provando con lui. La maggior parte degli uomini sarebbe molto probabilmente felice di coinvolgerti in una conversazione. Sono solo programmati per rispondere in quel modo con le donne. Quindi vai avanti, avvicinati a lui e salutalo. Questo è un buon inizio.

Offri suggerimenti che stai schiacciando su di lui, o se desideri andare così lontano, mordi il proiettile e digli che ti piace. Piacere a qualcuno non suggerisce nulla - ma questo sicuramente lo farebbe preoccupare un po' - in un metodo eccellente, naturalmente!

Flirta e fagli sapere che sei interessata. Leggi il suo linguaggio del corpo. Se anche a lui piace stare con te, scoprilo. Osserva se stabilisce un contatto visivo e se è un po' meglio quando sei nei paraggi. Fai uso di alcuni segnali di flirt per fargli capire che lo stai invogliando a venire un po' meglio.

Gioca un po' duro per ottenere. Quando sembra ricevere il tuo segnale che sei interessato a lui, probabilmente cercherà di colpirti. Fai un passo indietro e gioca un po' duro.

Fagli fare la prossima mossa. Ora, è il momento di aspettare. Imparando a capirsi meglio, lo porterai lentamente alla parte in cui dovrà dire che è innamorato e ti chiederà di essere la sua ragazza.

Come attrarre un uomo

C'è qualcuno in particolare a cui sei interessato e non sei esattamente sicuro di quello che sul pianeta devi fare. Devi:

(a) Farglielo sapere?

(b) Scoprire se lui è interessato a te inizialmente?

(c) Fare grandi cose per lui in modo che ti veda?

(d) Scatenare la sirena del sesso che è in te e usarlo come tiro al bersaglio?

(e) Agonizzare in modo indeciso fino a quando non lascerà definitivamente la tua vita?

Di tutto, voglio che sappiate che non vi critico per aver scelto una qualsiasi di queste opzioni. A volte non ci viene il coraggio di avvicinarci all'uomo dei nostri sogni, che va bene. I nostri dolorosi sentimenti di rimpianto ci spingeranno a fare in modo di non lasciarci sfuggire una seconda opportunità.

Ogni uomo che incontriamo ci offre l'opportunità di scoprire lo stile di seduzione che meglio ci corrisponde. Per alcune donne, tirare fuori tutte le fermate fa cadere la mascella del maschio cattivo, mentre altre donne se la cavano con stile. Alcune donne sono troppo sensibili al rifiuto per avvicinarsi a un ragazzo senza capire che lui ha almeno un certo livello di interesse per lei. Altre donne scoprono che è più semplice essere schiette e vedere, finalmente, se il loro interesse è ricambiato, in modo da poter andare avanti con la loro vita.

Quello che posso darti sono tre consigli per garantire che tu non ti renda ridicola nel tuo sforzo di attrarre un uomo che ti interessa.

1. Non fare supposizioni.

Non capirai se è il migliore fino a quando non avrai avuto una relazione dedicata con lui, quindi non saltare alla conclusione che lui è Mr. Right anche se è così attraente e così bello e un buon partito!

Incredibilmente poche donne comprendono che la relazione perfetta non è composta da due individui completi: è composta da due persone imperfette che si verificano per lavorare armoniosamente insieme.

Può essere il ragazzo perfetto sulla carta, ma questo non garantisce che sarà perfetto per TE. Non hai idea di come sarà un uomo come fidanzato o partner fino a quando non avrete una relazione dedicata insieme per un po' di tempo.

Non fate supposizioni su che tipo di coppia sareste. Oggi, stai solo ipotizzando che voi due sareste eccellenti insieme. Aspetta e lascia che il tempo informi tutta la storia.

2. Non rinunciare al tuo potere.

Più e più volte ho visto donne bellissime, intelligenti e sempre più indipendenti finire per diventare zerbini quando si innamorano del ragazzo sbagliato. Credono che sia un'indicazione della loro sincera devozione quando accettano chiamate inebrianti da lui, accettano abusi verbali, e fanno favori carini che raramente sono ricambiati, tutto mentre proteggono l'oggetto del loro affetto: "Non diceva sul serio". "Devo essere una persona migliore".

Quando siamo stupidamente innamorate di loro, gli uomini lo sanno. Sanno che possono fare qualsiasi cosa, e che ci piaceranno ancora. Come risultato, a molti di loro piace testare i limiti, semplicemente come i bambini testano i limiti con le loro mamme e i loro papà. Alcuni uomini evitano il ritardo; altri uomini dicono cose sconvolgenti. Altri ancora, altri uomini dormono in giro.

Quando una donna distribuisce il suo potere nei primi giorni di una relazione, allora dovrebbe essere pronta ad accettare le conseguenze.

Un'opzione è quella di trattenerti quel tanto che basta per rimanere lucida. Se sentite che state finendo per essere sopraffatti dal sentire intorno a lui, così che le stelle nei vostri occhi vi oscurano la vista, scusatevi. Esci o vai in bagno. Ricorda a te stesso che anche se stai godendo della sua compagnia in questo momento, non lo conosci effettivamente. Stai all'erta per qualsiasi segno che ci sia qualcosa di "strano". Prendi per buono quello che dice, ma non credergli ciecamente.

Vi lascio con la storia di come un maschio, un giocatore confesso che frequentava fino a 4 donne allo stesso tempo, selezionava le donne che avrebbe sedotto. In altre parole, le donne a cui piaceva troppo.

3. Non sentitevi in imbarazzo o vergogna intorno a lui.

Questa, penserete, è un'idea strana. Perché una donna dovrebbe provare vergogna o imbarazzo con qualcuno che le piace?

La timidezza. La sensazione di non meritarlo. Imbarazzo per l'esplicitazione delle sue fantasie su di lui. Ansia scatenata dal non capire cosa può fare per renderlo attratto da lei.

Sono andato avanti?

Possiamo provare una varietà di emozioni spiacevoli quando siamo in presenza di qualcuno che ci piace molto. Il nostro disagio emotivo ci innescherà spesso ad agire in modo sintetico. Per esempio, potremmo diventare variazioni più brillanti e spumeggianti di noi stessi. Potremmo parlare più velocemente o con una voce più acuta del solito. Potremmo flirtare con metodi che sembrano completamente fuori dal nostro carattere.

Più terribile di tutto, possiamo evitare il contatto visivo diretto con lui, poiché siamo stressati che ci traslucidi nei nostri cuori e trovi il fatto.

Per essere il tuo vero io intorno all'uomo che ti piace, non devi lasciare che sentimenti di pietà o vergogna ti impediscano di sentirti grande, realistico e a tuo agio intorno a lui.

Attenzione donne - va bene mostrare interesse!

Ho una confessione da fare a tutte le donne: Gli uomini sono inconsapevoli di qualsiasi cosa subliminale che voi fate. Lo sono. Dovete essere visibili per ottenere la loro attenzione.

Per chiunque di voi abbia vissuto con un maschio (che sia stato un innamorato, un maritino o un fratello), questo suonerà familiare. Mentre uscite di casa un giorno, chiedete a un ragazzo di pulire o di fare un po' di pulizie mentre siete via. E lui cosa fa? Va al lavandino, mette alcune cose nella lavastoviglie e questo è tutto. Ci sono ancora peli di cane che viaggiano sul pavimento del soggiorno e pile di biancheria fino al soffitto. Quando gli si chiede di loro, senza dubbio afferma: "Non li ho visti".

Gli uomini hanno bisogno dell'ovvio. Le donne devono saperlo, in particolare quando si tratta di comunicare il loro interesse per gli uomini.

Molte donne che ho allenato mi diranno che flirtano sempre con gli uomini, ma non ottengono mai alcuna reazione. Quando chiedo cosa hanno fatto che chiamavano "flirtare", praticamente ognuna mi dirà che "gli ha fatto un paio di tuffi", o che "gli ha sorriso un paio di volte velocemente" o qualcosa di simile.

Questi due sorrisi veloci e secondi sguardi semplicemente non costituiscono un flirt agli occhi di un ragazzo. Semplicemente non sono abbastanza evidenti.

Quando molte donne flirtano con un uomo, fanno qualcosa che credono essere flirtare, ma che in verità è qualcosa di troppo sottile perché quell'uomo lo scopra. Nonostante l'interesse di quella donna, il maschio lascerà quello scenario, pensando di non piacerle.

Quando affermo che dovete mostrare un interesse che sia ovvio, non sto parlando di afferrare un uomo e ficcargli la lingua in gola mentre vi strusciate contro di lui. Quello che intendo per rivelare interesse sono cose come sorridere un po' di più o toccargli un po' il braccio quando parli con lui. Ti suggerisco di usare il linguaggio del corpo per esprimere il tuo interesse. Inclinati un po' quando gli parli, flirta con lui. Prendi in giro le sue battute. Coinvolgilo in una conversazione più approfondita.

Se sei interessata a un ragazzo che incontri, non aspettare che sia lui a chiederti di uscire. Fagli sapere che sei interessata.

Non solo va bene rivelare un uomo a cui sei interessata, ma devi mostrare agli uomini che sei interessata perché hai intenzione di avere il controllo della tua vita di appuntamenti. Se ci credi, ci sono solo due opzioni: puoi iniziare a mostrare il tuo interesse oppure no (o usare movimenti sottili che trasmettono lo stesso messaggio di niente agli uomini).

Ogni volta che risolvo questo problema, ricevo molte e-mail da donne che dicono qualche variazione di questo: "Non posso fare queste cose. Se lo faccio, gli uomini penseranno che sto venendo da loro e certamente penseranno che voglio copulare con loro". Permettetemi di risolvere questa percezione errata in modo da poterla finalmente eliminare.

Se stai pomiciando con un ragazzo nel suo salotto, lui supporrà che entrambi state semplicemente andando a fare una sessione di makeout nel salotto per tutta la notte. L'unico modo in cui gli uomini sanno che vuoi copulare con loro, anche perché la circostanza è se dici: "Siamo nudi e andiamo in camera". Ancora una volta, gli uomini non colgono le sfumature e il semi-ovvio.

Il fatto è che se siete uomini, va bene mostrare un certo interesse. Non penseremo troppo e non daremo per scontato più di quello che è. Se sorridete, vi avvicinate e toccate il loro braccio quando parlate con loro, non penseranno che stanno andando a rimorchiare con voi proprio lì e dopo o che avete intenzione di trascinarci a letto.

Tutto ciò che credono è che ti piacciano, che possano chiederti di uscire e che questa possa essere una relazione. Dovete ricordarlo la prossima volta che la vostra iniziativa vi dirà che stanno leggendo tutti questi vari altri punti in ogni piccola cosa che fate.

Ragazze, prendete il controllo delle vostre vite di appuntamenti mostrando quando siete interessate. Quando lo fate, non solo è giusto farlo, ma noi uomini non potremmo essere più felici.

È un errore abituale nelle donne che essere seducenti per i ragazzi implica la necessità di fare un po' di sprucing up. La realtà è che questo è solo un po' considerare la preoccupazione di essere affascinante.

Per essere attraente, c'è altro da discutere. Un uomo sarà attratto da una signora a causa di come appare e si veste. Per andare oltre il periodo di attrazione, ecco un paio di ragioni che devi conoscere.

-Aspettare il momento giusto prima di fare sesso.

Questo è il grado in cui le donne commettono errori. Vogliono immediatamente renderlo soddisfatto, in modo che non se ne vada se vedono un ragazzo a cui sono interessate. E anche così, entrano nel sesso con un uomo all'inizio. Questo non mantiene un ragazzo; ha il risultato opposto.

In questa prima fase di uscite, inizierai a chiederti con quante persone fai sesso. Scoprite il più a lungo possibile nel passato di fare sesso. Fare sesso con un maschio prima lo libererà certamente di ispirazioni per andarvi dietro.

-Outfit Womanly.

Prendete nota di come vi vestite se desiderate che gli uomini vi trovino attraenti. Gli uomini e le persone generalmente esaminano i libri dal loro aspetto. Non aspettatevi che lui guardi il vostro esame fisico precedente per vedere il vero voi. Non sarà ragionevole per l'uomo.

Gli uomini sono molto visivi, e tu devi avere l'aspetto giusto perché anche loro lo scoprano.

Questo non significa che non puoi indossare jeans, ma assicurati che siano denim da donna.

Guardare bene non fa sì che lui ti trovi attraente; aiuta anche con la fiducia in se stessi.

E questo ti permetterà di flirtare con lui favorevolmente.

-Devi flirtare.

Se vuoi che si avvicini, flirta con un uomo. Vedrai che molti uomini non si avvicineranno a una femmina finché non sapranno che va bene.

Non deve essere tutto una presa in giro. È una buona idea. Una lunga e anche candida visita oculare con un sorriso farà meraviglie.

Quando sorridi a un ragazzo, gli offri il segnale luminoso ecologico che va bene per chiacchierare con te o chiederti di uscire. Fagli diversi sorrisi per sempre.

Amare se stessi.

Aumenta l'attrazione quando gli uomini vedono che alle donne piacciono se stesse e la loro vita. La ragione di questo è che le donne che vogliono se stesse sono meno dipendenti psicologicamente, il che è una cosa significativa per gli uomini.

Come smettere di respingere gli uomini in modo da poter attrarre e mantenere la loro attenzione

C'è una trappola in cui cadono le donne che respinge gli uomini molto, molto lontano. Se vuoi veramente portare un uomo che si aggiunga alla tua gioia, questo libro ti mostra cosa spinge indietro gli uomini e dopo ti dà sette passi che puoi prendere per essere più attraente per l'uomo che vuoi attrarre.

Un giovane uomo si stava vantando con due donne che sembravano sollecitarlo. Quando la porta si è chiusa dietro di lui, ho sentito questa conversazione tra le due donne.

" Un ragazzo così meraviglioso".

" Sì, è un ragazzo così meraviglioso".

" Due cose lo rendono meno attraente".

" Cos'è quello?"

"Dolce" e "bambino".

" E il pezzo sposato disegna".

Alla fine alzai lo sguardo dal fissare il pavimento per osservare queste due ragazze le cui parole e il cui tono su un uomo - probabilmente il maschio che aveva semplicemente apprezzato la loro attenzione - le facevano sembrare meschine e sgradevoli. Quando ho controllato le loro facce, ho visto dei ghigni. Si sentivano superiori al ragazzo con cui stavano parlando, e la condiscendenza le faceva colare via come il sangue dalle zanne.

Ho pensato: "Nessun maschio - nessun uomo sano in ogni caso - vorrebbe coccolarsi accanto a quella.

Un uomo-bambino potrebbe, qualcuno la cui autostima è così danneggiata, che cerca condiscendenza e punizione dalle donne della sua vita. Tuttavia, nessun maschio sano ed equilibrato darebbe una seconda occhiata a queste due".

Se volete attirare l'interesse di un uomo, se volete che vi trovi accattivanti, il contrario della superiorità è il posto dove intendete andare. Sia chiaro: il contrario della supremazia non è l'inferiorità. Invece, il contrario della supremazia è il riguardo.

La migliore raccomandazione di partnership che abbia mai ricevuto (così come è un elemento di suggerimenti che la vita ha mostrato giusto) è che gli uomini reagiscono al riguardo come se aveste appeso la luna. Quando ammirate un uomo, in particolare se affermate: "Ti rispetto per ____(riempire lo spazio vuoto) ____," parlate la loro lingua dell'amore, e lo sentono forte e chiaro.

Un altro suggerimento: quando lo dici e lo mostri, deve essere valido e reale sia in faccia che alle sue spalle

Anni fa, i maestri delle raccomandazioni femminili ridipingevano la foto del rispetto come linguaggio d'amore di un ragazzo in termini di manipolazione e di soddisfazione della "fragile vanità maschile". Noi, donne, dovevamo usare le informazioni per realizzare cose come ottenere un uomo in primo luogo, poi mantenere la pace, ottenere ciò che si vuole, così come aiutare l'amore ad espandersi. In verità, questo si avvicina è semplicemente un ulteriore assaggio delle donne che si sentono al di sopra degli uomini, collegandosi a loro in termini di acquisto e di tono mentre si imposta per essere un manipolatore.

Valorizzare un uomo non significa assicurarsi un ego debole. I risultati eccellenti che includono la valorizzazione di un uomo riguardano come gli uomini sono cablati in modo diverso dalle donne - né meglio né molto meno di, solo diverso. Valorizzare questa distinzione e apprezzare un ragazzo implica l'amore - la cosa esatta.

Più considerazione hai per gli uomini in generale e per gli uomini della tua vita in particolare, molto più attraente finisci per essere per il sesso opposto. Qui sotto ci sono sette consigli su come far crescere il rispetto per gli uomini (o l'uomo) nella tua vita.

--Regalo alle sue spalle.

Se i tuoi amici sono maleducati con i loro uomini nel discorso e nel tono, non farti coinvolgere.

--Cercate modi per considerare e ammirare. Qualsiasi cosa andrà bene. Dal modo in cui si veste a come parla con gli altri, come gestisce il suo servizio, come interagisce con i suoi amici, quali sono i suoi cibi preferiti, quali sono le sue canzoni preferite, i suoi passatempi, come tratta gli estranei, gli anziani, i giovani, ecc. E tieni presente che spesso tendiamo a rispettare e ammirare le persone che hanno talenti e obiettivi che noi non condividiamo. Non hai bisogno che lui sia come te per rispettarlo. Rispetta ciò che è diverso in lui. Il suo tasso di interessi è diverso ed è suo, per quanto riguarda questo. O vuole essere come suo padre, rispettalo. Passa in rassegna il giornale ogni mattina o sera, rispettalo. Profuma diversamente da te, gestisce il cibo in modo diverso da te, gli piacciono i film e anche i programmi televisivi che non sono i tuoi preferiti - rispetta tutto di lui.

--Ricevi la verità che quando hai dei problemi, lui intende risolverli.

Vuole risolvere i vostri problemi se siete nella sua cerchia di trattamento e di problemi. Potresti non volere sempre il suo aiuto, ma rispetta il fatto che lui voglia aiutare.

--Rispetta le scelte che fa.

Smettila se hai l'abitudine di entrare in una battaglia di potere con lui. Determinate esattamente come prestare attenzione senza litigare con lui.

--Rispettatelo con il vostro linguaggio del corpo.

Esaminate l'occhio che sbuffa, sbuffa e rotola, la testa che scuote, il trattamento silenzioso, il calpestare via, lo sbattere porte e cassetti, e un compito simile alla porta della scuola media che vive dentro di voi e imitate un adulto che tratta se stesso e anche gli altri con dignità.

Ogni volta che potete, non importa quanto sembri stucchevole, ditegli per cosa lo rispettate con genuinità. Quando lo stimate o lo apprezzate, diteglielo ad alta voce.

Metti in pratica questi sette passi, anche come esperimento, e goditi come gli uomini della tua vita reagiscono a te in modo diverso. Quando un ragazzo ti trova attraente, si sente ricacciato nella tua presenza e desidera investire del tempo con te.

CAPITOLO DUE

Imparare a flirtare come un professionista

C'è qualche tipo di mezzo unico con cui puoi flirtare per fare più progressi con il tuo appuntamento? Da quando siamo bambini, flirtiamo con gli uomini per ottenere ciò che desideriamo. Man mano che le donne si espandono, tuttavia, c'è una nuova strategia per flirtare, e questo è ciò che devi sapere.

Prima di scoprire come flirtare per ottenere il ragazzo che vuoi, devi ripassare quello che sai attualmente. Questo è uno dei modi più inconsci e naturali per flirtare.

Un'altra cosa che probabilmente fai quando stai flirtando con un ragazzo è sorridergli. Questo è un altro modo estremamente affidabile per ottenere l'interesse di un ragazzo.

Forse cerchi di toccarlo quando stai flirtando, il che va bene. Il tocco è un modo eccellente per stimolare qualcosa tra voi due.

Sai come flirtare efficacemente?

OK, quindi hai capito come flirtare, ma sai esattamente come flirtare per assicurarti che sembri attraente e naturale? Abbiamo tutti visto quella signora al banco o al club che stuzzica in un modo che sembra falso ed eccessivamente notevole. Tira indietro i capelli un po' troppo, tocca i suoi amici un po' troppo spesso e ride così forte che la si può sentire sopra la musica. Sembra assurda, ma sta facendo qualcosa, giusto? È necessario sapere come flirtare abbastanza per farlo interessare quando si stuzzica con un maschio.

o Quando flirti con gli occhi, devi fare una chiamata oculare, ma mantenere lo sguardo morbido. Pensa in modo seducente. Non vuoi fissare il tuo appuntamento, perché questo potrebbe farlo preoccupare. Invece, punteggiate la vostra discussione con uno sguardo diretto che si illumina. Quando l'avrai capito, te ne accorgerai.

O Flirtare con il tatto può essere molto utile se sai come farlo. Non farlo sembrare un incidente; non farlo sembrare nemmeno troppo preparato.

o Sorridere quando flirti è essenziale, ma devi sapere quando e che tipo di sorriso usare. Se stai prendendo in giro qualcosa che lui dice, allora un sorriso enorme è nell'ordine, ma se il tuo sorriso è in azione per un complimento, forse un sorriso più morbido al cinquanta per cento lo farà svenire. Spesso, è una grande idea lasciare che sia il tuo viso a parlare, poiché il nostro sorriso riflette tipicamente la situazione.

Non è difficile flirtare nel modo appropriato una volta che sei consapevole del know-how. Dato che sapere come flirtare è un comportamento acquisito in molti modi, si tratta di intensificare il tuo videogioco per ottenere ciò che vuoi.

Impara a flirtare come un professionista - Esci dall'angolo e mettiti in gioco

Hai bisogno di imparare a flirtare per assicurarti di poter aumentare la tua vita sentimentale? Vorresti certamente essere una donna che è il punto focale per un cambiamento? Puoi migliorare la tua esperienza sociale con alcuni consigli per stuzzicare? Continua a leggere e impara a flirtare come un'esperta.

Fate i conti con voi stessi. Metti il tuo miglior piede avanti prima di uscire dalla porta per uscire la sera. Mantenetevi in salute con una dieta e un allenamento adeguati. C'è di più nel vivere sano che nell'apparire eccellente.

Sarai più sicuro di te quando incontrerai delle persone quando ti prenderai cura di te stesso. Ti sentirai benissimo e avrai un aspetto eccellente. Non hai bisogno di allenarti come una celebrità del cinema, ma se sei in una forma adeguata, sarai il tuo io ideale.

Assicurati che ci sia qualcosa di più nel tuo tempo rispetto al semplice lavoro e alla residenza. Questo può sembrare che non abbia niente a che vedere con il modo di flirtare, ma in verità è un trucco importante.

I migliori flirt sono quelli delle persone felici e sicure di sé, con una vita e una mente attive. Se vuoi incontrarti regolarmente da solo, allora sarai una persona molto attraente da avere intorno. Avrai storie eccitanti da raccontare, almeno.

Potresti voler incontrare un uomo, ma ti sei mai chiesta se ti piacciono gli uomini? Sicuramente non sarai un flirt efficace con questa prospettiva!

Tenete presente che gli uomini condividono gli stessi pensieri e sentimenti delle donne. Non siamo tutti uguali, il che è una gran cosa. Vive la distinzione! Questo non significa che non si possa relazionarsi con le persone.

Alcune donne sembrano essere nate con la capacità di attrarre gli uomini. Ma, anche se non sei una di quelle donne, puoi imparare a flirtare con facilità e sicurezza.

Incontri divertenti: Programmare un appuntamento come un professionista

Programmare appuntamenti piacevoli sembra essere progressivamente più difficile per le donne che addestro su come avere appuntamenti piacevoli. Una delle domande ricorrenti che mi vengono poste è: "come faccio a programmare le mie giornate con meno problemi e più facilità"?

Se un ragazzo è molto più esitante di quanto ti sei preparato a organizzare un appuntamento, non è necessariamente una bandiera rossa. Il tuo ruolo è quello di rompere questa esitazione senza intoppi - una piccola presa in giro dovrebbe fare il metodo. Ecco cinque consigli che puoi applicare per avere il tuo uomo seduto accanto a te al prossimo appuntamento divertente.

- Entra nella tua "discussione sulla programmazione" degli appuntamenti con un piano fattibile per un partner adatto. Sposta casualmente la discussione per parlare delle date disponibili. Se lui non sembra capace di usare un suggerimento per una data; ma, tu avrai in mente un'idea di data piacevole e potrai gettarla nella conversazione.

Alcune persone hanno difficoltà a programmare le date anche molto in là nel tempo. Coinvolgi l'uomo nell'organizzazione della data. Assicurati di chiedere il suo contributo, ma assicurati solo che alla fine della discussione tu abbia una data sul tuo programma che sei sicuro funzionerà.

3. Usa le tue parole con saggezza. La programmazione del tuo appuntamento non sarà probabilmente fatta di persona. Invece, la comunicazione in questi giorni avviene tipicamente usando la voce e il messaggio. Questo significa che le uniche cose che collegano te e il ragazzo sono le parole che scegli di pronunciare. Sii civettuola, ma in compagnia. Ricordagli quanto sia interessato a te. Incantalo con uno spruzzo di discussione leggera prima di entrare nei dettagli della programmazione. La parte di presa in giro non dovrebbe essere troppo dura, ma è essenziale essere forti nella sfaccettatura dell'organizzazione, in modo che non venga coinvolto in un accordo esteso. Rivedi le

tue alternative di possibili cose da fare e quando farle, e poi raggiungi un verdetto. Un pensiero finale sulla data futura è necessario affinché si verifichi. Tieni presente che non lasciare che la discussione finisca prima di ribadire le informazioni sulla data (giorno della settimana, ora, luogo). Se lui non sposta la tua comunicazione in avanti, dopo questo, puoi considerarla una bandiera rossa (o almeno gialla).

È necessario fare almeno una telefonata prima dell'appuntamento. Sia che la telefonata sia parzialmente per organizzare la data o che venga dopo la prima organizzazione, cerca sempre di concludere la tua discussione con le informazioni sulla data per chiarezza.

Cercate di mantenere il testo sul lato giocoso dello spettro, avendo conversazioni leggere e accomodanti. Oppure scrivete possibilmente qualche ora prima che vi incontriate semplicemente per convalidare che siete sulla vostra strada / in tempo (qualcosa di scherzoso come "la vita è eccellente dalla mia parte, e sono in tempo - ci vediamo presto". In questo modo, se qualsiasi tipo di problema viene fuori all'ultimo minuto, c'è un modo di comunicazione aperta per affrontarlo.

Vuoi farti inseguire da lui? Questo delizia gli uomini e li fa interessare. Gli uomini vogliono lavorare per le donne della loro vita, e giocando duro per ottenere, si può rendere possibile per lui fare proprio questo.

Difficile da ottenere, ma possibile.

La prima cosa da fare è assicurarsi di avere un significato corretto di difficile da ottenere. Dato che gli hai fatto sembrare impossibile catturarti, non vuoi che ti insegua per poi farlo desistere. Per fare in modo che questo accada, vorrete fare in modo di bilanciare il tutto. Il segreto di un eccellente gioco di hard to get è l'equilibrio.

-Cattura la sua attenzione.

Non puoi farti inseguire da lui se non hai il suo interesse in anticipo. Dopodiché, appari il tuo ideale sottolineando i tuoi attributi più eccezionali e sminuendo le tue caratteristiche peggiori, facendo uso di indumenti, trucco e dispositivi.

Concludete il tutto con qualche presa in giro e registrerete sicuramente la sua attenzione.

Seguire il regolamento.

I regolamenti di duro da ottenere sono comodi, ma devono essere ben stabilizzati per farlo funzionare. È necessario essere consapevoli di seguirli, ma se effettivamente funziona meglio, un modo leggermente diverso per renderlo più equilibrato per la vostra connessione, sarà certamente giusto riaggiustare e anche modificarli.

1. Lasciagli fare la prima mossa.

2. Quando uscite, assicuratevi che lui si diverta molto e che voi vi divertiate molto.

3. Non chiamarlo o cercarlo. Permettetegli di fare il lavoro.

4. Sii attivo nella tua vita e non aspettare la sua telefonata.

5. Fate in modo che sappia quanto vi siete divertiti, che state aspettando con ansia la sua seguente telefonata o il vostro prossimo appuntamento. Questo bilancerà certamente la verità che non lo stai cercando attivamente. Vuoi che capisca che sei interessato.

6. Ci sono momenti in cui siete frenetici e perdete la sua chiamata o fissate un appuntamento. Per fare questo bene, vuoi assicurarti di richiamarlo o tentare di riprogrammare. Potreste essere occupati venerdì sera e trattare per uscire sabato sera o incontrarvi per il brunch di domenica.

È tutta una questione di equilibrio. Intendete farvi inseguire e continuare ad inseguirvi finché non vi avrà catturato. Questo richiederà un po' di lavoro e un po' di attenzione, ma alla fine ne vale la pena.

CAPITOLO TERZO

Flirta la tua strada attraverso il suo cuore

Avete una cotta per il vostro collega, ma lui non sembra capire. Desiderate conquistare il suo cuore, ma semplicemente non sapete come fare. Avete scoperto l'arte della presa in giro, ma non sapete come iniziare.

Come puoi giocare il gioco dell'invito se non sei sicuro di come farlo?

Quando vincere sarà soddisfacente?

Cosa significa essere una formidabile seduttrice?

La legislazione della tentazione e del flirt non richiede una forma del corpo formosa o una taglia eccellente; ciò che richiede è un insieme di strategie uniche che puoi usare nonostante la tua età e il tuo lavoro. Qui sotto c'è il potere che devi esibire se vuoi mantenere il fuoco acceso.

=**Preparazione** corretta.

Il mezzo giusto per iniziare come flirtare con gli uomini è quello di andare in bagno. Scegli un bel sapone elegante e fai un bel bagno. Scegliete l'abito sexy che potete usare senza danneggiare il vostro codice di abbigliamento. Per il tocco finale, applica un trucco leggero per farti sembrare affascinante e giovane e spruzza un po' di profumo. Il lavoro di preparazione appropriato inizia prima di lasciare la tua stanza.

=Lascia che i **tuoi occhi facciano la prima mossa.**

Sta iniziando a prendere in giro da una certa distanza. Come è possibile? Beh, lascia che siano i tuoi occhi a parlare. Il suo tavolo potrebbe essere nella stanza, ma i tuoi occhi possono andargli vicino. Mandagli "l'apparenza". L'occhio persistente entra in contatto con cambia ogni piccola cosa. Continuate a guardare in alto fino a che lui vi osservi e fate in modo che si accorga che gli state dando un'occhiata. Quando lo fa, mandagli uno sguardo colpevole senza rimpianti. Questo atto è sexy e attraente.

=Tempo **di parlare**

Quindi la vostra chiamata con l'occhio non l'ha convinto a trovarvi, vero? Questo significa che è il momento di passare attraverso i suoi mezzi e parlare. Gli uomini amano vedere questo tipo di fiducia in se stessi dalle donne, e anche questo è il momento giusto per flirtare con gli uomini. Prima di aprire le labbra e iniziare a dire "ciao", pensa all'argomento perfetto per il quale gli uomini vogliono chiacchierare. Se non capite nulla dei suoi gusti, lasciatelo semplicemente parlare di se stesso - "lui" è tra gli argomenti preferiti dagli uomini.

=Fare **l'operatore**.

Assicurati che i punti siano lisci, o questo ragazzo penserà che stai facendo lo stesso con altri uomini. Un'altra risorsa "come flirtare con gli uomini" è fargli credere che ti sta seducendo. Gli uomini disprezzano quando sanno che le donne stanno tentando di attrarli. Quindi fagli credere che sta facendo proprio questo e fallo innamorare di te - colpendo due piccioni con un sasso!

=Lode, **complimenti, complimenti!**

Fagli dei complimenti per flirtare con lui in modo efficace. Lodalo per aver conquistato il suo cuore. Fagli dei complimenti per farlo sentire unico. Ci sono solo molte cose che puoi fare semplicemente facendogli credere che apprezzi lui e i suoi lavori. Puoi complimentarti con lui per qualsiasi cosa, ma non esagerare mai. C'è semplicemente qualcosa con la "lode" che gli uomini amano la donna che lo fa molto meglio.

Come donne, tutte noi sappiamo che gli uomini parlano una lingua diversa. Questa barriera linguistica funziona in due modi. Ascoltiamo le cose in modo diverso e diciamo le cose in modo diverso.

Essere cresciuta con il fratello e lavorare in un mercato dominato dai maschi per 20 anni mi ha insegnato il vero valore di ottenere l'interazione maschio/femmina. Ora, come mamma di doppioni ragazza/ragazzo, vedo accadere le stesse cose; è una questione di sesso. Per capire un ragazzo e per ottenere il massimo dell'efficacia da lui, seguire il suo linguaggio è essenziale.

Consideriamo tre aree in cui può avvenire una cattiva comunicazione:

1. Il primo è PERCHE' stiamo parlando.

Se stai flirtando perché intendi cercare un legame profondo, significativo e personale con un maschio che hai appena incontrato, e anche lui sta flirtando perché di solito è una persona che stuzzica, che flirta o gli è stato mostrato che stuzzicare fa semplicemente parte del processo, sei automaticamente in un ambiente in cui uno o entrambi siete destinati a provare un po' di imbarazzo o dolore. Tu sentiresti in modo appropriato la maggior parte della complicazione e persino la rabbia se capissi che lui ti stava solo "stuzzicando" quando tu da solo sembravi iniziare i primi passi del corteggiamento.

2. Il secondo luogo che sviluppa la cattiva comunicazione è COME parliamo.

È qui che il "tono" diventa così vitale. Tipicamente, aumentare un po' la voce alla fine di una frase è inteso come un'indagine. Allo stesso tempo, un tono livellato è di solito inteso come una dichiarazione, e l'abbassamento alla fine è un comando.

Un esempio tipico: "Sei affascinante stasera". L'uomo che dice una cosa del genere sta spesso parlando al valore nominale. Vuole semplicemente dire che sei affascinante stasera. Potresti sentire che sei bellissima stasera, il che potrebbe indicare che non sembri attraente nel momento in cui l'uomo ti ha visto o ti vede. Potresti, in seguito, cominciare a chiederti cosa c'è di sbagliato nel tuo aspetto e perché lui sente la necessità di criticarlo.

D'altra parte, la sua analisi potrebbe anche essere legittima. Avrebbe potuto mettere l'articolazione giusta sulla parola per darle quel significato, trasformando l'elogio in un barbaglio ben posizionato, ma poiché le parole, "Sei affascinante stasera", non hanno ancora nulla di gratuito, deve andare. Può salvare la faccia.

Questi tipi di interazioni sono tipici nei circoli femminili, dove c'è una guerra molto sottile per lo status sociale che si verifica tra tutti, tranne i più stretti amici. Gli elogi che sono tutt'altro, con ogni capacità di ritorsione eliminata, sono un uso tipico del linguaggio femminile.

3. Il terzo posto dove il discorso rischia di fallire è dove insiste, o indica, il discorso di potere e controllo, che si presenta o dà comandi contro una dichiarazione che fornisce critiche o sembra fornire obiezioni è solo uno dei tipi di discorso più appiccicosi e impegnativi da gestire.

Di solito, all'interno di una connessione, entrambe le parti devono essere in grado di esprimere i loro bisogni, ma la dinamica del potere è l'area dove le cose sono più insicure. La dinamica del potere è ciò che è maggiormente in agitazione tra uomini e donne, e dove le cose iniziano a diventare un po' ingestibili.

Nessun posto è più evidente che nel principio del discorso "diretto" contro il discorso "indiretto".

La schiettezza nel linguaggio è legata alle affermazioni dirette e ai comandi che non sono ammorbiditi o sottintesi, come "smetti di affermare questo" o "chiudi quella porta".

L'indirettezza implica l'ammorbidimento o l'indicazione di significati, invece di menzionarli direttamente, come ad esempio: "Sceglierei certamente se tu non affermassi cose del genere" o "Io sono figo".

Gli uomini, che di solito reagiscono e usano un linguaggio diretto, prendono una frase pronunciata in modo indiretto, le donne, parola come 'I 'd favore se non si afferma cose del genere' al valore nominale. Nella loro mente, ora capiscono quello che voi non capite, come. A meno che non abbiano capito il linguaggio femminile, il messaggio indicato - dire cose del genere - semplicemente non registrerà.

Ricordate, state cercando di trovare il MISTER Right, in cui i Mister fanno le cose in modo diverso dalle Miss. Sapere che gli uomini comunicano in modo diverso dalle donne, non molto meglio, nemmeno peggio, solo diverso, è ottenere la connessione giusta.

Come leggere il linguaggio del corpo di un uomo

Sapere come leggere il linguaggio del corpo di un ragazzo può dare a una ragazza più intuizioni su ciò che sente e pensa rispetto a ciò che parla. Capire il linguaggio del corpo del maschio che vuoi incontrare o con cui sei in connessione può darti alcune incredibili comprensioni di ciò che sta pensando e sentendo e anche aiutarti a sapere cosa devi fare per portare la connessione al livello successivo.

Uno degli altri segni visibili del linguaggio del corpo da cercare in un uomo è dove vanno i suoi occhi. Mentre lui non ha bisogno di guardare in profondità nei tuoi occhi per minuti alla volta, se un ragazzo non esplora i tuoi occhi, a volte c'è una probabilità che non sia così curioso di te. L'unico avvertimento con questo pezzo di ideale è la gente riluttante che potrebbe essere proprio in te ma incapace di esplorare i tuoi occhi. Dovresti essere in grado di dire quanto è timido un ragazzo da indizi come se ti sei avvicinato a lui per primo o se quando sorride, le sue labbra sono premute saldamente insieme. È contento di vederti ma ha il terrore di aprire la bocca e dire qualcosa. Molte persone che hanno almeno delle abilità sociali fondamentali devono avere la capacità di guardare negli occhi le donne a volte.

Un'altra parte del corpo di un uomo di cui essere consapevoli sono le sue mani. Gli uomini che si muovono molto con le mani mentre parlano con una donna stanno cercando di mantenere il suo interesse. Anche se non tutti gli uomini si collegheranno in questo modo, la maggior parte di loro lo farà.

Se un ragazzo si muove verso di te o si appoggia ai tuoi mezzi mentre ti parla, probabilmente è interessato a conoscerti molto meglio. Gli uomini, per la maggior parte, non amano essere esplicitamente affollati quando hanno a che fare con una persona, quindi se si gira nella tua direzione, probabilmente è pronto a passare al livello successivo.

Quando le donne si mostrano fredde può implicare molto di più, quello che molte donne considerano la tipica cortesia come aprire una porta per loro o cedere il loro strato. Quando un ragazzo si preoccupa per qualcosa, desidera prendersene cura e proteggerlo. Questo vale per le donne della sua vita. Andrà fuori dei suoi mezzi per assicurarsi che lei sia protetta e confortevole. Se un ragazzo ti tratta in questo modo, consideralo un ottimo segno. Se lui non pratica questi piccoli atti di gentilezza, è un indizio per le donne di immergersi più a fondo in quello che sta succedendo nella relazione.

Sapere come esaminare il linguaggio del corpo di un uomo può dare ad una donna un notevole beneficio quando si tratta di capire lui, cosa sta pensando e, soprattutto, come si sente nei tuoi confronti. Una volta riconosciuto questo, puoi, in seguito, iniziare ad usare questa comprensione per attirarlo più vicino a te.

Come identificare il linguaggio del corpo per flirtare

La cinesica è lo studio di ricerca del linguaggio del corpo e dei suoi significati conosciuti come una risposta diretta del sistema limbico nel cervello; il linguaggio del corpo è un'azione subconscia che molte persone non possono gestire. Gli spettatori osservano il linguaggio del corpo degli altri, ma non vedono il proprio. Nei tempi antichi il linguaggio del corpo è usato come uno strumento utile per la sopravvivenza e la riproduzione. Questo è ancora vero oggi, poiché il linguaggio del corpo è una risposta specifica nella direzione di come ci sentiamo e di come pensiamo che gli altri pensino riguardo a noi.

Le donne che stanno attirando l'attenzione degli uomini invieranno inconsciamente il linguaggio del corpo per flirtare come un segnale perché lui si avvicini a lei. Alcune donne usano il flirt per incoraggiare gli uomini a contattarle in modo da poter scegliere lentamente un compagno adatto.

Una femmina che è pronta per il sesso a volte vorrà permettere al maschio di fare una mossa. Se un uomo è portato in una donna e ha bisogno di lei a letto, i movimenti sessuali del corpo mandati da un lento spazzolamento di oggetti umidi arrotondati come la parte superiore del bicchiere lo stuzzicheranno e promuoveranno certamente. Il linguaggio del corpo delle donne può essere allettante ed eccezionalmente forte per gli uomini.

Il linguaggio del corpo è stato un tipo di interazione su cui si fa affidamento da tempo immemorabile. Prima della crescita delle comunicazioni, tutti interagiscono usando il linguaggio del corpo per indicare ciò che vogliono e ciò che sono presuntuosi. È deprimente dire che, con la crescita degli esseri umani, la loro capacità di leggere il linguaggio del corpo ha cominciato a diminuire perché gli esseri umani tendono a concentrarsi troppo sulla comunicazione verbale. Alcune persone sono incredibilmente brave a leggere i segnali del corpo e a controllarli a loro vantaggio. Per alcuni fattori sconosciuti, alcuni uomini sono attirati come una calamita dal linguaggio del corpo delle donne anche quando in occasioni regolari, non sanno cosa le donne stanno dicendo. Parlare troppo fa girare il mondo agli uomini. Ecco perché esiste l'idioma "L'azione parla più forte della parola".

Le madri e i bambini hanno iniziato la loro prima comunicazione anche con i segnali del corpo. I neonati in particolare possono vedere e conoscere lo stress o la felicità o il temperamento sui volti e le emozioni delle persone. È proprio così che stabiliscono che gli piace o no. Le persone che sostengono che i bambini non li vogliono sono persone che non lo sanno, come i neonati. Il segnale del corpo è difficile da nascondere ed è probabilmente uno dei segnali più precisi e onesti su come ci sentiamo esattamente. Le minx sono donne che possono recitare un falso gesto corporeo per usare il loro fascino sessuale per fare uso degli uomini indirettamente.

CAPITOLO QUATTRO

Perché gli uomini amano Hos

La prima cosa che passa per la mente di un uomo quando incontra una nuova donna è il suo aspetto. Quando un uomo incontra una donna moderna, giudica automaticamente il suo livello di bellezza. Non importa quanto sia fasulla; agli uomini non importa da dove venga, purché abbia un aspetto eccellente!

Per ottenere un maschio e flirtare con lui in un metodo in cui si accarezza, la sua vanità lo conquisterà sempre. Le lodi, l'impertinenza flirty, così come il linguaggio del corpo legato al sesso, porteranno un maschio in ginocchio. Gli uomini non sanno per certo che sei attratta da loro; lo presumono.

Una donna che non ha la metà dell'aspetto di Mila può avvicinarsi a un ragazzo, stabilire un contatto visivo, lodare il suo sorriso, ed emettere un linguaggio del corpo pazzesco, e si verifica la magia. Il cervello di questo ragazzo la trasforma da un sette a un nove perché è gentile, mostra un tasso di interesse e riempie quel buco insicuro che tutti gli uomini hanno. Questa si chiama bellezza.

Le spogliarelliste che fanno più soldi non sono necessariamente le più belle; sono quelle con la discussione più attiva, quelle che mettono un maschio al sicuro, il che lo fa sentire bello. Attirano i contanti dal suo portafoglio più a lungo di quell'unica pista che aveva promesso che non sarebbe passato. Ci sono spogliarelliste sdolcinate che sono più che felici di togliersi i vestiti e chiedere alle persone se vogliono un ballo, eppure fanno la lap-dance come la loro boxe dell'ombra, insensibili al fatto e secche come l'inferno nella loro vendita. Permettete a una spogliarellista che passa con qualcosa di affascinante di affermare che è un essere umano e non sta solo facendo il giro, e costringerà quell'uomo a elemosinare il bancomat. Il suo seno nudo e il suo sedere non l'hanno attirato; il suo fascino l'ha attirato sfruttando il bisogno del maschio di sentirsi unico in una stanza piena di maschi rivali. Questo è il fascino di Ho, queste donne che non solo vengono fuori come sexy, ma che allo stesso modo riconoscono come far sentire un ragazzo come se fosse il centro dello spazio profondo.

Il fascino da solo non sbalordirà un ragazzo fino al punto in cui ti sta trattando per viaggi a Las Vegas solo perché sai cosa cercano gli uomini in una signora fisicamente e cosa cercano le altre donne in modo competitivo. Molti degli uomini di alta qualità saranno spenti perché non vogliono essere visti passeggiare per strada o ammanettare una ragazza che si veste così.

Come donna che vuole vincere in qualsiasi tipo di area, hai bisogno di risolvere il tuo fascino in modo ins, che ti porta ad essere abbracciata prima, e dopo, puoi scaricare le vaste armi. Vestirsi in modo provocante ti porterà a provarci, ma è solo perché la gente crede che tu sia sicura. Lasciate qualcosa alla creatività, non così tante, ma abbastanza da ottenere almeno un po' di rispetto. Gli os investono molto tempo a perfezionare il loro look perché sanno che le altre donne cercheranno di classificarli in una gamma di uomini che saranno positivamente dopo che saranno colpiti da quel, "Il tuo cazzo potrebbe diminuire se lo metti in quello," calunnia. Vestiti non squallido ma attraente, dal momento che il tuo hustle non funzionerà se un uomo vede te, e il tuo top, inizialmente guardare.

Non importa se sei magra o grassa, con il seno piccolo e i fianchi larghi, con le tette grandi e senza culo, e ogni piccola cosa in mezzo - conosci il tuo corpo e sai cosa ti sta bene. Non sto parlando di guardarsi allo specchio e supporre che corrisponda, vai più in profondità e concentrati sui tuoi vestiti come se stessi scegliendo un vestito di Halloween. Se stai andando al negozio a prendere della lacca, usa i tuoi pantaloni della tuta, ma assicurati che si adattino nel modo giusto e che tu sembri una dea in essi, non una ragazza gonfia sul suo periodo che ha semplicemente scoperto qualcosa da buttare su.

Ogni singola volta che esci da casa tua è una possibilità di far entrare qualcuno che potrebbe cambiare la tua vita, quindi sii sempre bello. Un assetato parlerà con qualsiasi tipo di donna; stanno solo recitando le parti. Un cacciatore di figa parlerà con qualsiasi donna che mostra la pelle perché gli uomini comprendono che le donne sono trappole per il sesso per una ragione: vogliono il sesso. Gli sponsor e i trucchi non sono in competizione dopo la figa; stanno cercando dei segni che sei diversa, che sei di prima qualità e non qualcuno che il mondo ha assaggiato. Se ti aspetti che un ragazzo ti tratti come una principessa, non puoi andare in giro con l'aria da indigente né puoi andare in giro con l'aria disperata come se avessi lasciato la mancia al bordello. È un equilibrio di trucco, pettinatura e moda, e l'unico modo per sapere che l'hai ottenuto in modo ideale è quello di essere il tuo esame - Sono sexy come il cazzo oggi nel mio chignon disordinato, pantaloni rotti e lucidalabbra? Sì, lo sono! Raggiungi quel livello psicologicamente, e il tuo fascino non può essere toccato.

Gli uomini presumono di capire tutto ciò che riguarda le donne perché, in tutta sincerità, molte donne si comportano allo stesso modo. La maggior parte degli uomini sono prevenuti perché hanno visto come le donne di diversa provenienza fanno tutte le stesse cose precise e rispondono negli stessi modi specifici. Ciò che separa gli Hos da questa regolare selezione di donne passive-aggressive e bramose di connessione è che non gliene frega un cazzo.

Appello Ho

Dato che queste ragazze sono tutte ragazze che mantengono la cosa leggera e divertente, la prospettiva di una Ho è la cosa più sexy di lei.

Hos non fa una domanda sull'amore o sulle partnership; rimangono nella corrente. Gli os non rispondono a una telefonata per parlare di quella mancata; chiamano per parlare di merda. Os, non preoccuparti delle altre ragazze. Questa abitudine è unica nel suo genere; lascia perplesso un maschio al punto di essere sinceramente sorpreso. Passare una serata con una ragazza che non si preoccupa di descriverlo come sexy, che sa come vestirsi in un modo che lo eccita senza imbarazzarlo, e che sinceramente non potrebbe preoccuparsi meno di essere la sua fidanzata, è uno scenario piacevole e senza pressione. Dice a un ragazzo che lei vuole quel cazzone, ma non sta cercando di imprigionare quel pene. Che lei è strana, ma non è una fanatica che ogni ragazzo è stato probabilmente dentro. Più significativamente, dice che lei è abbastanza incredibile da far cadere la guardia intorno a lui senza la preoccupazione di farla arrabbiare con i suoi discorsi sul bell'aspetto di altre donne o altrimenti essere preparati per una relazione.

La più grande paura di un uomo è la dedizione, mentre l'ansia più significativa di una donna è non scoprire

Come donna, puoi riposare e dire che sei soddisfatta di essere single e non hai bisogno di un ragazzo. Tuttavia, è probabile che vi sbagliate e riveliate cose che vi tradiscono perché, il più delle volte, dire che siete single e felici è un dispositivo di difesa per evitare di essere danneggiati ancora una volta. A causa di questa unicità, gli uomini vogliono mantenere queste donne nella squadra in modo permanente e certamente andranno sopra e oltre per farlo accadere.

Dal momento che la loro fantastica prospettiva integrata con il loro fascino e sex appeal è Disneyland per i ragazzi, le ragazze vincono. È un mondo di sogno dove un ragazzo può rilassarsi con una ragazza che non lo spinge a essere attraente.

Se si dà a qualsiasi uomo la scelta di andare a scuola e dover mettere in un lavoro reale o andare in un parco di divertimenti dove non deve fare un cazzo ma pagare le spese di ammissione e ottenere qualche regalo, sceglierà l'alternativa costosa e divertente perché è senza rischi, comoda e senza tensione. Non sono semplici sessualmente, ma sono semplici emotivamente, e anche questo è il puzzle che la maggior parte delle donne non può risolvere. La mente tipica delle donne non può comprendere quanto sia terrificante l'idea dell'impegno per gli uomini che desiderano divertirsi.

Come fare appuntamenti online in modo Ho
Se il tuo culo è quello che ti ottiene il maggior interesse, meglio quel colpo di vista laterale, così il mondo riconosce quello con

cui stai lavorando. Non appena hai la tua foto, vai ad autorizzarti per un sito di incontri a pagamento, non un freebie, perché quelli sono paradisi di riposo per uomini al verde che si divertono a fare le vetrine come se potessero permettersi te. Ora è il momento di trovare un uomo ricco.

Si può riposare sul web e trovare tutti i tipi di siti di incontri "gold digger" dove gli uomini cercano quelli che chiamano "sugar children" da rovinare. Mentre non metto in dubbio che alcuni di questi uomini siano iscritti, sono molto probabilmente i più orribili del gruppo che sta usando questi siti web come scelta di soluzioni di compagnia. Questa non è l'educazione Escort; questa è la tattica Ho, e ancora una volta, devo puntare fuori che il punto è quello di ottenere ciò che vuoi senza dare il tuo corpo.

Permettetemi di presentare la più significativa innovazione Ho thirst catch a causa del reggiseno meraviglia - la rete sociale. Facebook è un mondo in cui è possibile connettersi con nuovi baes e vecchi boos e vedere dove lavorano, dove vivono e la ricerca quasi ogni elemento della loro vita se si può ottenere una buona domanda amico approvato. Twitter ti dà 140 caratteri per rivelare aspetti del tuo spirito e pubblicare immagini.

Quante di voi lo usano per fare soldi, guadagnare condizione o legarsi a un uomo che vi farà volare ovunque vogliate andare? La maggior parte delle donne sui siti di social networking sono molto più preoccupate di mostrare le donne rivali ottenendo dei "mi piace", guadagnando fan, o avendo le loro opinioni approvate da arbitrari negri al verde che sono da qualche parte a masturbarsi nel seminterrato della loro mamma. I froci intelligenti non si preoccupano di quanti bei ragazzi li ritwittano o di quante signore finto-gay li designano come loro Woman Crush del mercoledì per avere bei ricordi o dicono a K. Michelle come non possono aspettare di vederla insieme. I froci intelligenti sanno come usare ognuno di questi siti web in un certo modo per farsi pubblicità.

Quando dico pubblicizzare, non sto parlando di qualche e-mail di prenotazione per verificare il tuo modello o ospitare feste, né sto descrivendo un link a qualche collezione di gioielli o sito internet di T-shirt che gestisci. Gli Hos si promuovono da soli! Se sei ben costruito, il tuo corpo è il tuo curriculum. Se hai il viso di una sirena, quella tazza è il tuo internet strisciante. Le tue parole diventano le sabbie mobili che cattureranno il tuo metodo se sei aggressivo e divertente. Non importa quale sia la tua classificazione, sappi dove sei più forte. Non voglio ascoltare: "Sono veloce di mente e di spirito", lo metto in dubbio perché se questo fosse vero, saresti fuori sulle strade a trasformare l'Ho Tactics proprio in un condominio.

Una volta ho visto qualcuno chiedere a un parcheggiatore se poteva sedersi nel lato viaggiatore della Maserati di una persona e fare una foto. Immagino che quel filmato sia finito su "the gram" e l'abbia fatto arrivare ad un uomo come me che sta vedendo tutto questo, quel tizio è un pagliaccio, eppure per il resto del mondo è un ballerino di Hollywood. Quell'uomo non ha bisogno di arrivare con quella macchina e quel camion; può dire che è nel negozio dopo essere stato speronato dopo il club, riportarla all'hotel e farle credere di essere in giro per giacere accanto ad un maschio che può cambiare la sua vita.

È così che i truffatori si servono degli stupidi os e delle donne ingenue.

La seconda regola è quella di puntare a uomini del livello che potete gestire. Alcune di voi possono essere abbastanza adorabili perché Drake vi segua, ma Drake non vi permetterà di entrare nelle sue tasche nello stesso modo in cui permetterebbe a Bria di

Hooters [16] di entrare nelle sue tasche. Per queste celebrità di peso, tu sei uno dei tanti THOTS di internet [17]. A meno che tu non sia nella loro città per il fine settimana e desideroso di venire a giocare al Four Seasons, per lo più non ti intratterranno nello stesso modo in cui delizierebbero una persona con uno status come la starlette R&B Christina Milian o forse una ragazza che hanno incontrato in pubblico. Sappiate che livello siete e perseguite anche uomini che non sono sempre sotto i riflettori. Questi sono i tipi non-celebrità che possono avere abbastanza soldi per danneggiare i tuoi pruriti costosi. Se ti concentri solo sui Dallas Cowboy o sul principe persiano, allora ti perderai nella confusione degli Ho e perderai.

Sappiate a cosa rispondono gli uomini in rete: prima l'aspetto, poi la personalità.

Il tuo personaggio. Per ottenere la sua attenzione, segui con stile. Alcune signore si limitano a fare retweet nella speranza di ottenere l'attenzione di un ragazzo o come immagine nella speranza che lui sia soddisfatto abbastanza da seguirlo.

Nota che gli uomini con denaro o potere non stanno monitorando ogni interazione online nello stesso modo in cui lo fanno i fondi annoiati, quindi devi essere aggressiva per ottenere l'attenzione di un maschio. Il motivo è che devi essere pronta a puntare su un ragazzo se credi che sia un biglietto d'oro, non pensare che siccome sei carina nella foto del tuo account tutti i maschi la pensino allo stesso modo.

Nessun esempio

Maria è anche attiva, Hoping up reale per giocare sul web, eppure mette la sua riluttante migliore amica nel Imani è quello che possiamo definire carino, non sempre una bomba, ma abbastanza leggermente per attirare l'attenzione quando ha voglia di vestirsi. Il problema è che Imani non è molto diretta in pubblico; ha la voce bassa e programmata, e di solito si perde nella confusione quando è intorno a femmine alfa come Maria. Imani vede la vita che fa Maria. Inoltre, anche se non è alla ricerca di un'iscrizione completa, può usare i soldi per trasferirsi e forse per pagare le bollette fino alla laurea.

Per la prima volta nella sua vita, Imani prende il suo account di social network con un obiettivo di denaro. Come ho detto prima, dovreste sapere prima cosa volete da questi uomini e dopo di che mettervi al lavoro per ottenerlo senza risolvere per disturbi come il sesso o una dolcezza. Soffiare nel vento senza un chiaro intento Ho, vi farà ottenere risultati di merda. L'obiettivo di Imani è di trovare un uomo che possa dare denaro adeguato per lei per liberarsi entro il 1 gennaio. Attualmente è ottobre, per fare in modo che questo la spinga ad agire ora invece di rimandare come una Basica indecisa. Imani inizia comprando il suo look online. Svilupperà accuratamente nuovi avatar per Facebook, Instagram e Twitter che mostrino vari aspetti della sua individualità. Illuminazione, trucco e capelli sono uno dei dispositivi essenziali in questa fase del gioco. I capelli possono essere difficili, nonostante se avete lunghi capelli biondi in movimento, turbini naturali, o sono intrecciati; dovete andare con il look che vi piace il molti. La mia scelta è sempre stata verso i capelli più lunghi, quindi userò questo come esempio, ma non sono lo standard maschile. Qualsiasi pettinatura ti faccia sentire bene è quella che vai a fare dal parrucchiere.

L'ultima azione è un'adeguata illuminazione dello spazio; devi assicurarti di essere radioso, sia in una foto o in un selfie fatto per sembrare come se stesse prendendo nel momento, aka la foto inscenata "mi ha preso a scivolare". Intendo scatti del viso per Instagram e Twitter, e conservate il corpo intero per

Facebook. Se non siete a vostro agio con una collezione completa, dopo che gli scatti del viso con tutti e 3, non è fatto o danno.

Dato che Imani si è avvalsa dell'abilità di scelta di Anna Wintour per scegliere le foto più efficaci per i suoi diversi profili, deve filtrare le acque con una palese trappola della sete. Con il viso poco truccato, ma comunque senza imperfezioni, pubblica una foto con l'aria sconvolta. Invece di scegliere il passé

Il tag #NoFilter, lei fa esplodere, "Appena svegliata, #Badhair day", o se è uno scatto notturno, "Appena uscita dal corso che assomiglia a #TheStruggle". Sono foto inscenate, eppure colgono Imani nel momento meno un sorriso, che a sua volta farà venire voglia ai maschi sui social media di baciarle il culo garantendole che è ancora una povera stronza. Non si tratta di intrappolare gli indesiderabili con la sete; si tratta di valutare il tuo nuovo default tenere d'occhio. Ricorda, questo è ancora il modo in cui appari nel tuo avatar, meno un po' di trucco, quindi questo sarà il tuo marchio andando avanti. Indipendentemente dal fatto che sia intelligente o semi-naturale, deve promuoverti come un dollaro.

Tornando a #TheStruggle thirst catch photo, Imani capirà quanto sia efficace il suo nuovo aspetto dall'azione del pubblico. Imani ha circa 1700 seguaci su Instagram, il che significa che forse ottiene 30-60 tipi mentre gli stalker si aggirano in attesa di un motivo per mostrarsi. Questa attenzione non gasa Imani, lei non è sotto per l'affetto di persone sconosciute, o per sentire quale perdente vuole sposarla.

Che tipo di uomini ottengono denaro ma hanno ancora tempo per essere regolarmente sul web? Gli atleti professionisti! A differenza dei CEO che lavorano più probabilmente 16 ore al giorno o degli artisti che fanno più promozione che sete, gli atleti hanno una grande quantità di tempo libero tra un periodo e l'altro. Inoltre, poiché i loro lavori hanno bisogno di costanti aggiornamenti di ESPN, di solito hanno i loro telefoni in mano. Imani non sa molto di attività sportive; lei gioisce per le squadre con le tonalità più brillanti e hashtag #TeamLakers fuori la durezza che lei appena portato un abito giacca Kobe Bryant nella scuola secondaria. Dove fa una donna

È ottobre, e anche le World Series sono in corso, il che implica che tutte le 2 squadre della Major League Baseball sono ancora a casa a divertirsi. Imani vorrebbe preferibilmente un alto giocatore di basket. Eppure, quel periodo è solo all'inizio, e non è probabile che lei ottenga la piena attenzione di un giocatore che è sulla strada ogni pochi giorni inseguito da groupies resort. Il baseball lo è, così lei cerca su Twitter un paio di tag di baseball, e cerca quell'indicazione confermata.

Ci vogliono un paio d'ore, ma Imani trova un potenziale bersaglio il cui twitter è attivo. È abbastanza accattivante e gioca per i Pittsburg Pirates. Imani vive a sud, ma questo non la ostacola, perché essere a lunga distanza con un atleta professionista fuori stagione non dovrebbe essere un elemento se sta facendo soldi "volerò fuori". Anche se questo ragazzo non è un nome di casa o tra i giocatori di alto livello, lavora pagando più dei pazzi della sua città, quindi perché non andare per esso.

Imani non aggiunge subito il marchio; un follow-up cieco sarà ignorato. Imani invece si appoggia al suo punto per far vedere ad un altro critico che è sulla sua stessa lunghezza d'onda. Imani sa che essere abbastanza carina da ottenere una risposta di solito significa abbastanza carina da seguire, e indovina.

Imani è fuori Instagram per andare con questo ragazzo così come lei non è su Twitter per essere il suo subtweet boo. Le donne timide sconfiggono intorno al cespuglio; Hos va alla fonte del denaro non appena gli viene data la luce ecologica. Imani prende la discussione personalmente entro 24 ore dal seguente. Ha accesso diretto a questo ragazzo, il che significa che può dare libero sfogo a tutta la potenza della sua personalità in un modo che non potrebbe fare di persona. Imani non si affretta a dare il suo numero di telefono o a chiedere il suo. Incontrare un ragazzo e poi saltare nel suo DM chiedendo i numeri puzza di jumpoff. Non è una fan del baseball e ha anche bisogno di passione in Googling spunk casuale per discutere. Invece, lei perlustra la sua timeline e non prende un argomento su cui può lavorare. In questa situazione, è una discussione riguardante J Cole contro Wale. Lei gli manda un DM a sostegno di J Cole e comincia ad attirarlo con una conversazione musicale. Per i due giorni seguenti, Imani continuerà a portare punti di discussione arbitrari per costruire una relazione con lui. D'altra parte, le sue foto twit di Instagram diventano sempre più sexy, sapendo che la sete di quest'uomo è ciò che sta cercando di catturare.

È passata meno di una settimana, e questo marchio della Major League chiede a Imani il suo numero, lei lo prende un po' in giro, perché darlo semplicemente potrebbe ridipingerla come molto tirchia. Imani gli fa la politica con un metodo scherzoso: "Io do il mio numero solo agli uomini che lo usano, non che ci si appoggiano sopra". Naturalmente, il marchio dice che lui lo userà. Per agganciarlo meglio, lei lo dà con la prudenza di: "Vediamo quanto presto manterrai la tua parola". Ho Tactic 101, Imani ha messo alla prova la vanità di questo maschio, e non passeranno più di 20 minuti prima che lui chiami per accettare questa difficoltà.

Quando Imani lo ha al telefono uno a uno, si applicano le tattiche standard di Ho. Studia la sua vita e vedi quanto generoso ha la prospettiva di essere. Dato che lui è a diversi chilometri di distanza, Imani non può fare il test della data, ma può fare il test del "mandami qualcosa per posta".

CAPITOLO CINQUE

Come flirtare Hos Way

Le donne sono diventate così cattive nel flirtare che gli uomini non possono informare se il pulcino medio è amichevole o se è genuinamente interessato. Questo lascia una grande apertura per le donne che conoscono i pro e i contro del flirtare con il controllo del gioco ad ogni livello. Quando ho parlato con una ragazza, che era irritata con la sua mancanza di capacità di ottenere questo ragazzo alla scuola di suo figlio per chiederle di uscire, avrebbero detto "ciao" e parlare del tempo. Lei supponeva che non gli piacesse, così si comportava in modo pecoreccio invece di perseguirlo. Ho chiesto se parlava prima lui o lei? Lei ha detto che lui se ne andava quasi sempre, quando l'ha persino inseguita fuori per chiederle del suo Natale perché non la vedeva da qualche settimana. Ho poi chiesto cosa aveva fatto lei per dimostrargli che le piaceva. Grilli. Il suo feedback è stato: "Cosa dovrei fare, entrare nelle sue braccia?

Ancora una volta, le donne vedono agli estremi, invece di accettare che molti punti nella vita hanno bisogno di leggere tra le righe mentre si usa il tatto. Non importa se state parlando delle condizioni meteorologiche o del vostro noioso fine settimana, una signora che capisce il potere dell'inflessione della voce, del contatto visivo romantico e non si preoccupa di ammiccare con un sorriso sornione può rendere questi argomenti più sexy che discutere della sua camera da letto preferita.

Gli os vincono su molte donne perché non si preoccupano di vendere se stessi. Quali donne accattivanti, colte, ma timide, smettono di lavorare per rendersi conto che non importa quanto tu sia bravo, non vieni con un cartellone che elenca queste caratteristiche. Non avete un sostenitore che corre dietro di voi come: "Sara possiede un'azienda, non lo fa.

Chi altro c'è per educare un maschio di alto livello che sei una donna di alto livello? Alcuni uomini lo faranno, e ancora non risolve il problema perché una donna introversa che ha paura di salire all'occasione non saprà come comunicare con questo ragazzo in un modo che sia coinvolgente e giocoso. Una donna normale illuminata ma impacciata certamente inciamperà nella discussione, riderà troppo, avrà sacche di silenzio stressante, e lascerà anche il ragazzo pensando che sia strana.

Sosteniamo un po' e manteniamo la realtà. La maggior parte degli uomini con soldi, status, o quelle cose che lo renderanno un trucco o uno sponsor perfetto, non si avvicinerà al 90% delle donne della sua città. Non perché non siano belle, ma perché potrebbero non valere il rischio ai suoi occhi. Ogni uomo ha i suoi gusti quando si tratta di attrazione, e solo perché pensa che tu sia carina non significa che sia disposto a mettere in gioco i suoi sentimenti avvicinandosi a te. Ho avuto almeno due amiche che non avrei mai avvicinato in pubblico. Se non fosse stato per essere l'amico di un amico, non sarei mai arrivato a conoscerle abbastanza da voler stare con loro perché non rientravano in quella categoria impeccabile di cui fingevo di aver bisogno quando ho posato gli occhi su di loro inizialmente. Se conosci la mente dell'uomo, allora capisci che l'aspetto cambia dopo una conversazione, una connessione o un flirt. Quel fascino di cui ho parlato prima conquisterà quell'uomo schizzinoso che ti ha valutato un sei dall'altra parte della stanza.

Passeggiare e fargli i complimenti, farlo sorridere, condividere una storia, ecc. Si passa da "lei bene" a "lei sexy", e non si riapplica nemmeno un tipo di rossetto. Questo è ciò che dà loro la fiducia di camminare fino a qualsiasi uomo, non importa come appare, perché la discussione aggiornerà sempre il look!

I trucchi potrebbero ancora avvicinarti, ma non è questo il punto. Devi essere d'accordo che trovare l'uomo giusto da abbordare richiede generalmente che tu faccia la prima mossa. Ci sono donne che gli uomini pensano "al livello successivo" belle, e si avvicineranno a loro in pubblico se l'impostazione è giusta. In effetti, il signor Erede di una ditta di caffè può inseguirti se sei quello che sta cercando quella notte, ma perché lasciarlo al suo discernimento. Perché lasciare che questo trucco ti scelga quando puoi selezionarlo e dalla mossa fargli supporre che sei fissata? Un ragazzo di metodi ha un milione di scuse per non perseguire una signora, ma la cosa principale al lavoro è che l'ego maschile non vuole essere curvato. Accendere la conversazione avvia il processo perché i ragazzi diventano troppo ansiosi con pensieri del tipo: "Ha parlato per prima, questo deve significare che vuole scopare". Lascialo scodinzolare; tu condurrai quel cane al guinzaglio e gli svuoterai le tasche molto prima di svuotargli lo scroto. Non temere la conversazione! Sappi che perché questo funzioni, devi controllare il tuo ego alla porta. Non puoi operare secondo le regole di, aspettare un segno o attirare un uomo con il contatto visivo. Dato che questi uomini non rischiano di chiedertelo per orgoglio, devi fare quello che fanno gli Hos, andare in quella miniera a cercare l'oro.

Come comunicare con gli uomini

Il carattere dei ragazzi è più rigido rispetto alle femmine, e questo dovrebbe essere compreso durante le discussioni. Usare numeri specifici quando si parla con gli uomini. Usando uno stile più razionale evidenziando numeri e cifre, gli uomini saranno in grado di comprendere molto meglio.

Cosa dovresti fare per cambiare l'orologio del tuo uomo?

C'è un modo sicuro per spegnere l'orologio degli appuntamenti del tuo uomo: semplicemente non lasciare mai che un singolo modello o stereotipo si riveli in quello che dici, come lo dici, come ti vesti, o quello che dimostri di anticipare dall'uomo-

consistente spontaneità. Tienilo indovinato. Superarlo in astuzia. Usa tutto quello che ti ho detto in questo libro per frantumare la sua clessidra in un milione di pezzi. Puoi farcela. Lui sarà seduto lì a guardarti, identificando in silenzio la tua data finale, quando improvvisamente tu lo lancerai per un anello. Direte qualcosa o farete qualcosa che scatena la dissonanza cognitiva. Potreste spifferare: "Mi sono sempre chiesta perché agli uomini piaccia vedere due donne insieme" o "Non mi scateno mai finché non sto con qualcuno per un po'". Dire cose come questa gioca proprio nella sua "lista dei desideri". Questi commenti sono abbastanza specifici da farlo pensare, ma non così concreti da simboleggiare che tu glieli darai. Ora deve tornare al punto di partenza. Non è un gioco; è solo intelligente.

Amo quando una donna sorprende gli uomini. Mi piace anche quando credo che una donna sia semplice, e si scopre che sta usando gli uomini. Queste sono le donne che ottengono gli uomini migliori, e ognuna di voi ha la prospettiva di essere quella donna.

Il problema e la soluzione con Flirty Outing.

Ecco il problema: ogni uomo degno di questo nome sceglierà un posto dove voi due potete conoscervi, che molto probabilmente sarà un bar o un ristorante. La buona notizia è che è giusto dare dei suggerimenti sull'umore e il ritmo dell'uscita. Se lui è deciso a scegliere un posto in particolare, allora vai online e controlla o chiedi il ristorante con l'appuntamento migliore della città.

Scegli bar o ristoranti dove l'atmosfera è rilassata. Evita gli hotspot costosi o eccessivamente alla moda. Cercate un posto con ottimo cibo, servizio eccellente, prezzi ragionevoli, poco rumore e persone come voi.

Nei sobborghi.

Provate ad andare in un posto che entrambi conoscete ma che frequentate raramente... Ricordate che, a seconda della vostra scelta, l'intera città potrebbe sapere del vostro appuntamento. Oppure scegliete un posto di cui entrambi avete solo sentito parlare ma che vorreste provare insieme. Questo potrebbe diventare il "vostro posto" se le cose funzionano.

Flirtare è tra quei punti che sembrano essere una forza dell'abitudine per alcuni, ma è un intero linguaggio internazionale per altri. Come per i baci, se si impara anche a conoscerlo, diventa più robusto.

Cerca di ricordare che flirtare deve essere divertente. Non prenderlo sul serio. Se gli dai troppo peso, arriva ad essere spaventoso, quindi rilassati. (Lo so, più facile a dirsi che a farsi).

Una chiacchierata vivace e civettuola è come una partita di tennis. Può essere elettrizzante quando si entra in un buon ritmo con qualcuno. Un po' di flirt moderato può essere la stampa di cui ha bisogno per fare la sua mossa se sei interessata a un ragazzo che è un po' preoccupato.

-Componente 1: Flirtare faccia a faccia.

Lodalo e flirta con lui.

Forse non lo sai, ma gli uomini come le lodi e i complimenti non sono dati così apertamente agli uomini come lo sono alle donne. Gli uomini non hanno un gruppo di cheerleader che dicono loro quanto sono impressionanti prima di uscire per una notte.

Cercate qualcosa di speciale per complimentarvi con lui. Cerca di evitare osservazioni comuni come: "Mi piace la tua maglietta". Fai il miglio in più. Per esempio: "Wow, quella maglietta fa risaltare l'ecologismo nei tuoi occhi".

Se borbotti o guardi altrove mentre parli o esageri, semplicemente non avrà lo stesso effetto. Rilassa i tuoi nervi e guardalo dritto negli occhi quando parli.

Non scegliere qualcosa che possa essere delicato. Se ha una grande massa muscolare, puoi fare una battuta sul fatto che è magro, se è magro, sicuramente non menzionarlo nemmeno per scherzo!

Il tuo scopo qui è di essere visto come cattivo, non come uno dei ragazzi.

Sorriso.

Per una ragione o per l'altra, molte donne pensano che essere una regina di ghiaccio che gioca duro per ottenere è un metodo accettabile per uscire. Sorvolate immediatamente se vi è stato dato questo consiglio. Una donna gentile e felice è sempre più accattivante di una donna scontrosa.

Ridere, sorridere, ed essere generalmente brillante sono tutti elementi estremamente accattivanti. Presta attenzione e reagisci calorosamente quando racconta una storia.

CAPITOLO SESTO

Punto di conversazione sulla seduzione

Cos'è la seduzione?

La seduzione è l'arte di usare l'attrazione legata al sesso per ottenere un obiettivo.

L'obiettivo non è sempre l'intimità legata al sesso. Per esempio, gli spot televisivi non attraggono giovani versioni per pubblicizzare un'immagine sexy e alla moda per le loro soluzioni e anche articoli. La parte sexy ti motiva a comprare i loro articoli.

* Poi ancora, c'è l'aggancio o il cruising up, in cui l'obiettivo del seduttore si consuma in un'avventura di una notte.

Più in generale, l'obiettivo della seduzione è di conquistare il vero amore. Di seguito, l'attrazione fisica è tipo nel fare quell'impressione critica. Al di là di questo, un rapporto duraturo può essere ottenuto solo grazie agli interessi comuni e alla chimica individuale.

* Il tipo meno tipico di tentazione include la ricognizione. Di seguito, la corruzione e il ricatto sono gli approcci più comuni per ottenere informazioni di intelligence, che è l'obiettivo finale. Ma la seduzione per lo spionaggio industriale - in contrapposizione allo spionaggio statale - ha avuto una lunga e salutare corsa in questo paese fino a quando l'Economic Espionage Act del 1996 è stato approvato in legge.

Come si fa a sedurre?

Per essere seducente, bisogna prima apparire sexy. L'aspetto conta per quella prima percezione, e vuoi far sì che il tuo appuntamento da sogno pensi: "Wow!" prima ancora di aprire la bocca.

* Per la maggior parte dei giovani, la chiave per un buon aspetto è l'esercizio fisico, il regime dietetico, la corretta toelettatura degli animali domestici e un guardaroba che si abbina al tuo ambiente. Il più delle volte, questo prevale il buon senso. Quel maglione a coste, che abbraccia la tua figura assettata, sembra esplicitamente buono in una stazione sciistica, ma potresti pensarci due volte a portarlo in una crociera esotica. Per gli uomini, i pantaloni e una maglietta di flanella sono perfetti per una gita in montagna, ma non sono il massimo per qualsiasi

posto dove le ragazze si agghindano. Se le ragazze vanno con tutto quel problema per avere un bell'aspetto, anche tu devi mostrare qualche sforzo.

Diciamo che hai tutti gli attributi classici della casalinghitudine. Hai le guance basse, gli occhi gonfi, il mento in calo, il naso connesso e le sopracciglia folte. Supponiamo anche che tu sia disciplinato. Il tuo peso è sotto controllo, e ti sei laureato come il miglior studente della tua classe al college. Come fai a fare qualità? Come ultima speranza, prendi in considerazione il trattamento chirurgico plastico.

Se avete pagato da 100 a 200 mila dollari circa per finire la vostra istruzione superiore e l'apprendimento, non vi converrebbe spendere eventualmente 20 mila dollari per una terapia da un chirurgo estetico di prima qualità? Questo potrebbe sembrare estremo, ma gli studi di ricerca di psicologia hanno sempre dimostrato che le persone attraenti hanno più successo nella società e guadagnano di più. Si potrebbe trovare questo superficiale, ma è una realtà, e ti dà una razionalizzazione solida come una roccia oltre la vanità accessibile per andare sotto la lama.

Come si inizia una conversazione?

Se sei una donna attraente, è semplice. Gli uomini di solito flirtano con te. Di programma quel ragazzo carino, che muori dalla voglia di incontrare, ha un grave caso di timidezza. Pensa come una spia. Fingi una piccola catastrofe come imbatterti involontariamente in lui e far cadere le tue cose. Questo gli permette di essere un cavaliere dall'armatura splendente. Quando ti aiuta a prendere le tue cose (e lo farà), fai il tuo passo.

Fino a che punto ha intenzione di arrivare? Questo dipende da te. Siate caldi e liberi. Ora, se hai fatto i tuoi studi, sai che lui è un fan accanito degli Yankees. Pensate che potrebbe essere curioso di quei due biglietti che avete per la partita contro i Red Sox?

Quando si tratta di disegnare il sesso opposto, gli uomini non sono concentrati come le donne. Potrei dire che la maggior parte degli uomini sono decisamente pigri. Intorno a loro, le donne producono segnali di avvertimento, e gli uomini sono semplicemente sprovveduti. Considerate tutta l'alta manutenzione che una signora in attesa ha passato con i suoi capelli, il suo trucco, la sua combinazione di colori e i suoi gioielli. Tutto ciò implora di essere notato e commentato. Cosa le dice il suo specchio? Ci parla ogni giorno.

Chiavi per la seduzione del sesso opposto

Secondo alcuni studi di ricerca psicologica, le donne che leggono romanzi incantevoli fanno l'amore con i loro partner il 74% delle volte in più rispetto alle donne che non lo fanno. Non ci siamo mai imbattuti in questo prima d'ora!

Prima della Reality TV e del vasto settore del porno sulla stampa e sul web, il sesso era davvero un enigma. Ancora di più, le donne erano difficili da ottenere. Naturalmente, puoi ottenere le donne di servizio, ma se volevi ottenere una ragazza dei tuoi sogni, allora era difficile. Con la morale e la cultura tradizionale, semplicemente non era possibile. Naturalmente, ora ci sono molti più posti come club, luoghi di lavoro, ambienti e anche bar dove si possono incontrare donne sensibili e di bell'aspetto con un alto livello di conoscenza. Non importa quale tipo di donna incontri, nel profondo, tutte desiderano essere amate.

La tentazione non è un rituale di due minuti che salta nel letto e va a dormire. Se è meccanico, allora le donne non rimarranno con voi. Si limiterebbero a fare le valigie e a darti una mano fredda. Quello che dovete fare è rendere la procedura di tentazione erotica. Esattamente come si dovrebbe prendere il trattamento se questo problema?

Resistere all'impulso di precipitarsi nelle cose

Quello che dovete riconoscere è che se vi affrettate nell'atto di seduzione, questo rivela che non siete sicuri di voi stessi. Hai paura di non essere all'altezza o di impegnarti. Devi avvicinarti delicatamente a lei, prenderla tra le braccia e toglierle eroticamente i vestiti.

-Avere un'aria di mistero

Lei probabilmente sa come andrà a finire, ma come vi organizzerete per il completamento? Ci deve essere un aspetto misterioso per quanto riguarda l'intera procedura. Non rivelare se stessi. Togliete lo strato segreto uno ad uno. Togliete l'ombra e lasciate anche a lei l'esplorazione. Quando lei comincia gradualmente a scoprire il tuo corpo, rispondi allo stesso modo. Ogni donna ha una zona morbida. Tocca la parte, e anche questo può inviare un'onda di erotismo su di lei. Chiedile dove le piacerebbe essere toccata, e in risposta, lei farà lo stesso con te. Il fine è essenziale come il mezzo per arrivare al fine.

Chiedile delle sue fantasie sessuali

Tutte le donne hanno fantasie legate al sesso. La gigantesca avventura di fare qualcosa può portare una donna ad essere eccezionalmente sensuale. Ci sono diversi sogni legati al sesso che una donna ha.

Come sedurre il modo Ho

Le signore stanno incontrando uomini estremamente perché lo scopo è di assicurarsi che sia abbastanza credibile e sincero per essere un partner o un potenziale maritino. Le os sostituiscono la procedura di intervista con la fase di seduzione perché sanno che la strada per il bilancio di un ragazzo inizia con il suo pene. Dal momento che non stai cercando di legare su un livello reale, il suo bagaglio di vita e le relazioni precedenti non contano quando stai cercando di truffare un uomo. Tutto ciò che un Ho ha bisogno di sapere è se è pagato, quanto pagato, e quanto generoso vuole essere con quei soldi. Quando stabilisci che hai un ragazzo che è desideroso di trattarti in modo eccellente, l'aggancio è molto più profondo usando ciò che un ragazzo vuole di più contro di lui - il sesso. Il ruolo di Ho è quello di essere una femmina di fantasia. Una signora che presta attenzione non è giudicante, non enfatizza mai il tempo o l'interesse e, soprattutto, sa essere una sporca puttana. Ti avviso che questi sono i metodi non sessuali, quindi se il modo che ti è stato mostrato per sedurre è lasciare che lui infili la suggestione, butta via quel piano tattico per essere una maestra nel far raggiungere l'orgasmo ad un ragazzo, senza usare la tua figa.

L'attrazione è lo sviluppo della presa in giro, ma le ragazze che sono grandi flirt si bloccano comunemente quando è il momento di scendere e sporcarsi.

Per fare in modo che un ragazzo ti veda come sexy, desiderabile ed essenziale, hai bisogno di mostrargli che sei un gran divertimento. Cosa ti rende divertente? Cosa ti rende nervosa? Cosa ti rende sgradevole? Cosa ti rende diverso? Questa non è retorica; una risposta che nella tua testa in questo momento. Dopo aver elaborato queste risposte, ripensate all'ultima volta che siete stati ad un primo appuntamento e considerate come avete evidenziato queste quattro cose in modo tale che un ragazzo possa cofirmare le vostre risposte. La maggior parte di voi non può rispondere alla domanda o non è sicura, ma la realtà è nei risultati. Poiché un'inquadratura della vostra personalità è più debole di un alibi di Peter Gunz a tarda notte, non vi siete separate.

L'ultimo primo appuntamento che ho avuto è stato con una donna incredibilmente banale. Ecco cosa l'ha resa banale: durante quella cena, non ha detto nulla di intrigante. Ha solo preso in giro le mie battute e ha fatto la timida quando ho fatto un commento perverso. Al cinema, ho provato i miei sentimenti per lei, ma ha tenuto le mani a posto, non perché non le piacessi, ma perché esitava. Dopo la data, l'ho riportata al mio appartamento o condominio e ho continuato a gasarla su quanto fosse divertente uscire con lei (bugia) quanto fosse sexy (era carina, ma non così carina), e come non volevo che se ne andasse (verità). Dopo circa quaranta minuti, le avevo tolto il reggiseno e avevo messo le mani nei suoi pantaloni. Mi ha fermato e mi ha detto che aveva bisogno di andare prima di scivolare. Ho cercato di ritornare a parlare dolcemente con lei per farla restare, ma per il suo punteggio di credito, non si è arresa. Non ero stato eccitato dalla sua personalità; ero eccitato dalla prospettiva di fare sesso dopo averla vista mezza nuda.

Una settimana di chiacchiere al telefono, di flirt e di gas l'aveva conquistata, ed era disposta ad andare fino in fondo. Ho preso la testa, ho fatto sesso con lei, e prontamente ho preso la testa un'ultima volta prima di dirle che stavo per andare a dormire. Mossa da stronzo, ma questo è il modo in cui la maggior parte degli uomini lavora quando si imbattono in una ragazza carina che non è esattamente intrigante. La donna media è insicura di se stessa quando è ad un appuntamento con un ragazzo che le piace, il che porta ad un comportamento imbarazzante e ad una vibrazione sdolcinata. Gli uomini non vogliono uscire con una sdolcinata, non importa quanto sia figo il suo culo o quanto siano grandi i suoi seni. Pensa se fai queste cose:

-Conversazione di controcanto: Aspetta che lui parli, e inoltre, reagisci alla sua domanda con la risposta e un seguito secco sullo stesso argomento. Non stimolare mai il tuo partner.

-Over Laugh: Non hai niente da aggiungere a quello che sta dicendo, eppure non vuoi essere tranquillo, quindi ridi più impegnativo del tipico o ridi quando niente è così divertente.

Camminare sui gusci d'uovo: Non hai intenzione di dire nulla che possa turbare quest'uomo, quindi mantieni la conversazione sicura e senza obiezioni. È come mettere qualcuno le cui migliori battute hanno a che fare con gli omosessuali in un bar gay; non vogliono offendere, quindi abbassano i toni.

-Non violentarmi - Linguaggio del corpo: Non punti il tuo corpo verso di lui e non ti avvicini quando cammini. A cena, ti siedi di fronte, non accanto a lui. Passeggiando verso il veicolo con lui, mantieni il tuo raggio d'azione.

Questi punti sono comprensibili quando non si conosce una persona, ma questo non è modi di modestia per far sì che un ragazzo ti veda come una dolce femmina, questo è Ho Tactics per consumare questo ragazzo attivo. Gli Ho si sentono davvero a loro agio, molto velocemente, e poiché è un modo così diverso per una donna di agire ad un appuntamento, gli uomini sono presi alla sprovvista e facilmente soddisfatti.

Dare i tuoi affari per un appuntamento senza alcuna intenzione di fare mai altro, è una cosa che fanno tutte le signore. In quel particolare appuntamento, probabilmente non te ne fregava un cazzo, quindi non c'era nessuna contro discussione, hai detto tutto. Non c'è stata nessuna risata eccessiva perché non volevi che lui pensasse che ti piaceva ridendo eccessivamente. Non avete camminato su gusci d'uovo perché questo ragazzo era molto più simile all'homie che al principe reale adorabile. Quando si tratta di linguaggio del corpo, è molto probabile che tu mantenga la distanza, ma sono sicuro che eri rilassata, non timida nelle preoccupazioni su quanto ti sei avvicinata a lui. Quell'uomo non era un rischio, quindi non hai agito a disagio. In risposta non sei stata vista come sdolcinata, sei stata vista come la divertente, un po' imbranata, la ragazza con eccellenti capacità di conversazione, che probabilmente il clown sta ancora cercando di portarti fuori ancora una volta. Devi essere in grado di essere così a tuo agio con gli uomini che sono dei campioni.

√ Il bacio come ricompensa.

Ad alcune donne non piace baciare persone sconosciute, e questo è facile da capire. Tuttavia, se rifiutate di ricompensare le sue azioni con l'amore, gli darete la sensazione che state solo mettendo su una facciata e che la mancanza di attrazione vi lascerà morti in acqua. Sii pronta a baciare, ma assegnaglielo.

Una ragazza mi ha anche detto che bacia gli uomini; non le piace perché non vuole essere scortese e cambiarsi. Il primo appuntamento, se va bene, deve finire con un bacio, senza lingua, breve.

Il secondo appuntamento hai bisogno di andare alla francese e baciarlo a sangue, ancora una volta, non ti buttare in una sessione di pomiciate come una bionda inebetita durante il ritorno a casa. Prima di salutarlo, dagli un altro bacio, ma questa volta, dovresti iniziare e tirarlo dentro. Quando è il momento di smettere di baciare, tirati indietro come se non volessi smettere, ma sei una brava ragazza, quindi devi smettere.

Questo seduce il suo corpo e lo rende istantaneamente duro. Hai bisogno che il suo cazzo sia difficile, è l'ultimo obiettivo prima di concludere la notte. Baciare, strofinare i suoi pantaloni, è tutto un piano di seduzione per farlo accoppiare con amore. Man mano che andate avanti, baciatelo così quando fa qualcosa che vi piace, e allenatelo anche ad aspettarsi solo quel livello di baci come ricompensa. Lui non ti bacia anche se vuole baciare. Non sei un adolescente innamorato; lo stai ammorbidendo per la fretta, quindi mantieni i tuoi baci su un blocco limitato fino a quando lui sa che non diventa dolce finché non ti fa sorridere.

√ C.L.I.T.T (Call. Pay attention. Overlook. That. Text).

Potrebbero essere due giorni tra un appuntamento e l'altro o un'intera settimana, ma è qui che le donne generalmente perdono la passione di un ragazzo anche dopo un appuntamento adeguato - aspettando che lui chiami, avendo paura di chiamarlo prima, mandando messaggi, e non prendendo ognuna di queste cose è un elemento di preoccupazione. La caratteristica più ammirevole di Hos è che sono proprio come gli spartani quando si tratta di gettare la prudenza al vento e prendere il controllo del loro destino. Gli spartani chiamano quando vogliono perché hanno stabilito una connessione e non hanno bisogno di giocare. Gli os chiamano perché non possono essere pagati con un telefono asciutto. Stessa fiducia, ma esistono su piani morali diversi.

Dopo averlo stupito al primo appuntamento, chiama per controllarlo la sera seguente se non hai sentito nulla. Gli uomini in genere hanno una politica per cui si chiama una ragazza un giorno o più dopo, ma le ragazze di oggi pensano troppo e diventano paranoiche quando non ricevono una chiamata o un testo 12 ore dopo che alcuni ragazzi più giovani contattano la stessa notte perché sanno come pensano le donne di adesso. Indipendentemente da come risponde, veloce o lento, lui ti vuole! Non aspettate che lui vi colpisca come una ragazzina spaventata, iniziate. La sera tardi è perfetta perché lo coglie in fase di rilassamento e vulnerabile. Chiamalo e ringrazialo per averti portato fuori, butta fuori qualche battuta, sussurra come stavi sognando ad occhi aperti di baciarlo prima, e fai i complimenti alle sue labbra. Se fai queste cose, il suo cazzo sarà più duro del gel per le dita. Ora vuole sapere quello che ogni uomo vuole sapere: "quando posso rivederti?".

Non reagire e sii sottomessa questa volta e lasciagli organizzare l'appuntamento. A meno che non abbia qualcosa di intrigante che salta fuori come una cena d'onore, biglietti per spettacoli o qualche occasione formale, tienilo alla sera. Sei attiva, hai una vita, digli che la pausa del fine settimana può funzionare, ma dovrai farglielo sapere. Questo lo mantiene affamato. Hai rifiutato che lui ti veda, tuttavia subito dopo aver cavalcato il suo pene per sognare ad occhi aperti questo bacio. Stai sfidando un uomo dove la maggior parte delle donne si gettano; lui sa che tu vuoi quel cazzone, ma lui proprio non può raggiungerti.

Pertanto, egli sposterà il cielo e anche la terra per rendere venerdì, sabato, o forse domenica lavoro come la vostra notte seguente data. Tutto questo accade perché siete sempre molto più bravi ad attirare un maschio al telefono che tramite testo.

√ **Scuse Scuse.**

Sei una donna che può dire: "No, non stasera"? Sei in grado di smettere da sola al centro di un bacio? Riesci a resistere quando un uomo ti chiede di portarti a casa sua, ti implora di dormire da te, o ti offre di affittare un resort per non farti guidare in caso di maltempo? Questa è la parte in cui sarete esaminate, quindi tenete a mente come combattere con i pensieri spontanei che possono mettervi in situazioni pericolose. Dopo il primo appuntamento, un uomo non vorrà uscire di nuovo, ma lo fa per avvicinarsi al sesso. Dopo il secondo appuntamento, un uomo vorrà il sesso, quindi cercherà sempre di manovrarlo in zone intime. È come disegnare i denti, ma un uomo non si lamenterà certo direttamente di portarvi fuori, farà solo la deviazione e penserà ad altri modi per vedervi.

Date in casa, house-party, kickback, o visite pop up. Nel mondo di un uomo, è lo stesso che andare ad un appuntamento perché sta spendendo del tempo, e questo è ciò che le donne che cercano l'amore hanno bisogno di vedere, che sta andando a spendere del tempo. Naturalmente, è una trappola, e gli uomini finiscono per isolare queste donne e fare sesso dopo poche settimane. Questo è il mondo che le basic bitches hanno creato, non Hos. Le basic bitches hanno paura di rifiutare un uomo perché non vogliono essere viste come cattive

o disinteressata. Una Ho se ne frega del modo in cui viene percepita, perché sa che lui vuole la sua figa, gliel'ha praticamente messa in faccia. Anche se un uomo è infastidito dalla frequentazione, continuerà a intrattenere le cose che lei vuole fare perché lei non ha intenzione di piegarsi e cadere per venire e divertirsi.

Diventa come questi Hos, e sii a tuo agio con le parole "non stasera". Non perderai la sua passione, dato che lui vuole ancora scoparti e, cosa altrettanto importante, si diletta ad uscire con te. Se tu dovessi fare sesso con un ragazzo e dopo passare dal lunedì al venerdì, dicendo che non hai intenzione di venire a vedere Ride Along, è probabile che lui chiami la ragazza seguente e la metta sopra di te.

Non si tratta di come fate le giustificazioni, non fatevi prendere dall'avere grandi ragioni, fottetevi le idee, siate in grado di far passare il fattore che fate le cose nel vostro tempo. Gli uomini odiano quando non possono avere la loro strada, ma l'odio è solo frustrazione mista a interesse.

√ **Dillo a Don't Ask.**

Ehi, stanno facendo una degustazione di vino bianco in centro, andiamo. Chiedendo se lui "ci sta" o "complimenti", hai già scopato sul tuo perché non sembri sicura di voler andare. Se sembri indecisa o ti collochi come un timido asker, allora un maschio non si sentirà cinico nel proporre qualcosa che invece vuole fare, come Dave & Busters o andare a casa del suo buon amico a fumare e bere.

Abbattere un ragazzo il più delle volte con le tue giustificazioni sul fatto di non poter uscire lo fa diventare duro. Ora, lui deve vederti perché deve confermarti che è un capo, e anche abbatterti come tutti gli altri. Non appena finalmente apparirai con un programma che gli permetta di rivederti e potenzialmente di fare l'amore, lui sarà giù per qualsiasi cosa. Avete approfittato, avete il potere, e lui va in grazia delle vostre richieste. Usate questo potere per andare in zone in cui intendete andare, che avvantaggiano il vostro obiettivo, e vi tiene fuori da situazioni in cui potete mettere in pericolo la vostra disciplina.

CAPITOLO SETTE

Come innamorarsi nel modo Hos

La destinazione sessuale è un desiderio superficiale, che è il motivo per cui gli uomini si stancano così prontamente dopo averti spuntato dalla loro lista di controllo del contenitore aperto del seno. Come donna, potresti essere confusa sul perché gli uomini investono così tanto della loro vita di veglia nel tentativo di ottenere qualcosa che non è nemmeno così serio. Lo stesso fattore per cui i ristoranti possono fatturare 90 dollari per una bistecca e costruire il loro business intorno alla verità che hanno bistecche da 90 dollari. È il fascino di qualcosa di più sostanzioso e anche molto meglio. L'intenzione di fare l'amore con vari tipi di donne è il prurito che non può essere grattato. Non ha mai avuto una ragazza con le tazze D, non ha mai avuto una ragazza con le tazze A, non ha mai avuto una ragazza spagnola, non ha mai avuto una ragazza araba, non ha mai avuto una ragazza con i capelli tutti naturali, non ha mai avuto una ragazza che tenesse quel taglio laterale Cassie spunk che prende posto - gli uomini sono in soggezione di tutto ciò che sembra vario e non possono aspettare di sperimentarlo!

La vecchia figa ha semplicemente un sapore come la nuova figa; si sente meglio della figa fresca, tuttavia come il ragazzo che prenota con entusiasmo per provare quella bistecca da 90 dollari, gli uomini hanno un bisogno ardente di provare nuove donne solo perché è su uno stand così alto. La tua figa è l'esca, e il metodo con cui seduci e flirti ti farà indubbiamente aumentare fino a quello stand alto. Tuttavia, queste cose non assicurano shopping o acconti condominiali. Il desiderio profondo che ti rende diversa dalla tipica figa è l'amore. Gli uomini si innamorano rapidamente della lussuria, ma si innamorano più velocemente se sai come premere i bottoni giusti.

Prendete un ragazzo che ha una sorellina; sicuramente farà di tutto per assicurarsi che si prenda cura di lei e che non venga sfruttata da uomini come lui. Gli uomini sono protettori per natura, è nel DNA del maschio tenere il forte, ma non è la casa che lo rende così premuroso, è l'amore di essere necessario per qualcuno di speciale per lui.

Togliete la famiglia dalla formula; gli uomini prendono ancora donne specifiche sotto le loro ali. Ogni ragazzo che ho conosciuto ha avuto una "sorella" che non era stata chiusa con lui. Quel rapporto era altro, e gli amici più stretti sinceri non erano autorizzati a chiacchierare con la sua sorella di gioco, i ragazzi esterni dovevano effettivamente essere autorizzati, e ogni volta che lei era nel bisogno, lui faceva quello che doveva per renderla soddisfatta. Quando i loro partner notificano, le donne amare che non hanno mai sperimentato questo grado di amore spirituale maschile in genere cambiano il loro naso in su e il fidanzato li informa sulla sorellina

Queste donne vedono solo un'associazione uomo/donna che non è sviluppata sulla famiglia, quindi deve essere sessuale. Non tutti i ragazzi vogliono scoparsi la loro sorellina, eppure il nocciolo dell'amore romantico è all'origine "tenerti in tasca e metterti al sicuro", amore condizionato e anche egocentrico.

Allo stesso modo, gli uomini amano i loro fratelli di gioco; si innamorano di Hos. Danno quell'amore fraterno in cui lo rispettano, hanno bisogno di lui, e lo apprezzano per assistere queste donne e rappresentare quel sogno legato al sesso "Be My Daddy". Papà non c'è più, quindi il Grande Fratello è lì per salvaguardare il suo cuore e anche promuovere i suoi desideri, tuttavia al centro c'è la verità che, a differenza della famiglia reale, lui può averla sessualmente. A Ho mette in chiaro che lei non è la sua signora, ma lo fa anche sentire come se venisse da lui. Nessun altro ragazzo è così radicato nel suo cuore come lui è diventato, e questo possesso emotivo la rende unica. L'unica tattica Ho che senza dubbio solidificherà la vostra relazione al di là del flirtare e dell'attrarre, è tutto nell'essere affidabile come una ragazzina e nel farlo sentire come se fosse il vostro protettore.

L'Hip Hop ha promosso questo, "Non puoi salvare un Ho," o la retorica "Captain Save-A-Ho", ma la verità è che la maggior parte dei ragazzi che rappano sul non amare gli Ho sono ossessionati da loro. Un uomo con soldi o status fa tesoro di una ragazza con cui può viaggiare, che non porta stress romantico, e che lo fa sempre sentire come l'unico uomo al mondo quando sono insieme. Questo è il jackpot emotivo; non deve impegnarsi in qualcosa di spaventoso o crescere e prendere responsabilità come il matrimonio o una relazione a lungo termine. Questa Ho è un'amica, una confidente, un'amante, e meglio di tutto, lei non gli mette nessuna pressione. Le vere donne non potrebbero mai essere felici con quel ruolo egocentrico nella vita di un uomo, ma le Ho sono fatte per la vita da concubina.

Quando una femmina come quella ha bisogno di assistenza con un conto, avere in mente che per andare in fuga con lui, o ha bisogno di un paio di scarpe da ottocento dollari per abbinare il vestito che ha appena comprato o sta andando a rovinare la sua serata, quell'uomo andrà in modalità fratello maggiore. Si prende cura di quella femmina, non come se fosse la sua sposa, ma come se fosse la sua sorellina indifesa. Gli uomini amano Hosbecause perché, a differenza delle donne normali, non ululano: "Non ho bisogno di nessun tipo di uomo", lo stringono forte e dicono anche: "Non saprei cosa fare senza di te". Quel sentimento di vera gratitudine, se è scatenato da ciò che lui fa per lei, è un vero sentimento, è amore genuino, e finisce un uomo al massimo grado.

Le donne spesso tendono a cadere in due classificazioni, o una femmina indipendente che fa per se stessa o una signora che vizia un maschio perché è così che sei stata educata ad essere. Gli uomini apprezzano queste donne, le sposano, le amano, ma difficilmente le ingannano.

Molte di voi che leggono questo hanno fidanzati o mariti che non vi comprano un cazzo, ma sapete che hanno da spendere.

È più probabile che il tuo uomo si inganni su una Ho o sui suoi "più giovani" prima che si metta su di te, una donna fedele che gli dà amore senza fine. Un uomo è a suo agio in quel dovere al punto che trascura che sei ancora una femmina che ha bisogno di essere trattata come una principessa ogni tanto. Le mogli trofeo, così come le Hos, hanno di solito una cosa significativa in comune, hanno bisogno di quell'uomo, si affidano a quell'uomo, e inoltre accarezzano il suo ego in un modo che gioca al suo lato fraterno e premuroso e al suo desiderio sessuale selvaggio.

Le fidanzate non possono competere con gli Ho perché sono portatori di due competenze esclusive. La fidanzata desidera che lui si prenda cura di lei, ma non se lo aspetta, mentre una Ho si rivolge a un maschio e lo supplica. La bocca aperta è quella che si nutre. Leggete questo più e più volte finché non lo riconoscete come la natura di ogni uomo. Quando loro, voi stavate cercando la soluzione al perché gli uomini si prendono cura di Hos

può trovare donne che certamente faranno ciò che vogliono gratuitamente, beh, è così.

Sperare in alto

Non c'è bisogno di essere un'attrice o di avere qualche storia terribile che fa sì che quest'uomo ti veda come una vagabonda

Molte donne passano attraverso rotture sfortunate, drammi degli anni dell'infanzia, e cose che hanno specificato che sono. Per far sì che quest'uomo dipenda da te, devi dargli qualcosa a cui valga la pena pensare.

È come fare domanda per una borsa di studio o cercare di essere ammessi al college giusto; c'è sempre un saggio che afferma perché te lo meriti a livello personale. Questo trucco potrebbe finanziare i tuoi affari, il tuo stile di vita o le tue prossime due automobili, quindi devi dargli un fattore per innamorarsi del tuo spirito. Gli uomini amano le donne povere che tentano di essere buone o le grandi ragazze che sono ad un passo dalla ricaduta. Ogni donna ha una storia da raccontare, ma assicuriamoci che colpisca le note giuste che faranno sì che un uomo brutale intenda investire in te emotivamente.

√ Ritagliati il tuo territorio

Le donne deboli non sanno mai quando è giusto chiamare un ragazzo, mandano sms come pazze, ed escono come se non volessero interrompere la vita regolarmente programmata di un uomo. Fanno queste cose perché sono preoccupate di essere conosciute come appiccicose, ma cercando di entrare dove si adattano, diventano schiave del modo di vivere di un uomo e quando un uomo sa che lei è pronta ad essere accomodante sicuramente lo sfrutterà ad ogni turno. Un ragazzo come una signora vorrà chiamarla ogni volta, far cadere i testi al mattino, ed essere sempre una telefonata con lei.

Non mi interessa se sei disoccupata e non fai altro che aspettare che arrivi il tuo programma televisivo preferito, o se sei impegnata a lavorare e ad andare a scuola: devi essere vista come attiva, ma avere sempre almeno un'ora per lui ogni giorno. Quell'ora gli dice che ci tieni e che sei investita, ma esige anche che lui sia disponibile o si perderà quel giorno. Le persone nelle relazioni a distanza fanno cose simili per mantenere la scintilla, ma stanno al telefono tutta la notte cercando di compensare il fatto di non potersi vedere per molto tempo.

√ Scambio segreto

Alcuni uomini sono bocche da motore elettrico e non riescono a trattenere l'acqua, ma se tu monti quello che hai da dire come se fosse esclusivo e nessuno lo sapesse, allora lui non può parlarci sopra. Se si dovesse ripercuotere, solo tu e lui ne siete a conoscenza in modo che lui si fregherebbe da solo, e anche lui non lo farà mentre sta ancora guadagnando da te. Gli uomini non sono pronti a condividere perché sono stati bruciati da donne che hanno incrociato le dita e si sono asciugati completamente facendo la spia al mondo.

Le donne sono notevoli custodi di segreti che le rendono come degli specialisti per molti uomini. Di tutti gli eventi che hanno rotto nei media, alcuni dei risultati di una donna sono spie; sono prove circostanziali o la sciatteria dell'uomo che scopre ciò che quella donna non avrebbe detto. Se è probabile che un uomo ti inganni, ti vizi o ti finanzi, non lo farà sapere al mondo. Quello che lui ti procura rimane tra voi due. Per arrivare a quel livello, devi confermare presto la tua affidabilità. Quando lui ti chiede cosa dici, i tuoi amici non rispondono come una stronza felice, "Ho detto loro che siamo andati a una cena che tu ordini per me nei ristoranti, che sei così dolce ..." No, stronza. Tu non gli dici niente e lo educhi dall'immersione: "Non sono un uccello che ha bisogno di vantarsi, mi piace tenermi per me".

Diciamo che sei stata virtualmente molestata quando avevi nove anni da un vicino, eppure sei riuscita a scappare. Digli come questo ti fa sentire ancora, come non puoi abbassare la guardia, e che senti il bisogno di tirarlo fuori, ma non ti sei sentito così a tuo agio fino ad ora. Non spingerlo per i suoi trucchi, dato che se c'è qualcosa che vuole dirti, non deve stressarsi per il giudizio o per il fatto che tu lo tiri fuori, perché non vorresti che fosse così con i tuoi segreti.

Sollevare le sanzioni.

Fino a questo punto, ti ho detto di guardarti dagli appuntamenti in casa, dai nightcap o dai pop-up che gli uomini usano per costringere le donne a fare sesso. Per dimostrare che non sei un'enorme presa per il culo, inizia ad abbassare la guardia.

Accomodatevi a casa sua.

Non rimanere la notte.

Lasciatelo visitare.

Non lasciarlo in giro per più di un'ora a rilassarsi.

Aprite il vostro mondo a lui, ma non lasciate che si metta a suo agio al punto da pensare che avrete delle serate di cinema o che potrà venire a trovarvi con una pizza invece di portarvi fuori. Avete dimostrato che quest'uomo ha un potenziale di trucco, ma non è uno stupido. Se vede un'opportunità di rallentare, darà un calcio ai piedi e imposterà il suo telefono sulla vostra rete Wi-Fi come se avesse intenzione di essere spesso da voi.

Prendete il sesso all'aperto. Se ne parlate, non è per passare il tempo in sicurezza, ma per parlare di qualcosa che vi preoccupa o che non volete superare al telefono. Quando siete soli, e lui vi sta toccando e viceversa, lasciate che si senta un po' su, così come il contrario, ma riportatelo a ciò che volevate dalla visita. Salottate con lui, mettete il vostro culo sulle sue ginocchia, dategli un massaggio alle spalle, ma questo non è il "tempo della bua", è un lavoro per confermare che gli state lentamente ma definitivamente permettendo di entrare nel vostro mondo. I permessi sono stati revocati; tuttavia, i limiti saranno gli stessi. Sii disciplinata e non soccombere al suo desiderio di darti la testa, o alla sua implorazione per un lavoro di mano, che è troppo vicino per la comodità. Rendi queste visite brevi, mirate, e lascialo desiderare di più. Vorrebbe che tu tornassi di nuovo a farlo la sera dopo se gli fai una sega dopo una visita. Se mangia la scatola, si aspetterà questo in futuro. Non prendere quella strada. Ha bisogno di essere duro e arzillo ogni volta che lo lasciate, il che assicura che procederà a portarvi dove intendete andare e a procurarvi le cose essenziali che volete. Nella sua mente, lui è ad un primo appuntamento lontano dall'averti, e tu dovresti mantenere quel fuoco acceso.

CAPITOLO OTTO

Come flirtare con lui senza essere ovvio

Gli uomini hanno la tendenza ad essere attratti e anche attratti dalle donne con cui possono flirtare.

Allo stesso tempo, sono scoraggiati dalle donne che flirtano in modo aggressivo e mostrano la loro evidente attrazione perché non gli piace sentire di aver fatto la prima mossa.

Tutto quello che devi fare è far credere al ragazzo che sia lui a fare la prima mossa quando sei tu a farla, e no, fare l'occhiolino a un ragazzo non è una presa in giro. È un modo per fargli credere che hai una lesione ai nervi.

Sembra complicato?

Beh, non è così complicato come si pensa.

Come flirtare con un ragazzo senza essere ovvio

Sapere come flirtare con un ragazzo sottilmente, ti farà senza dubbio ottenere il suo interesse e la sua destinazione (incontrollata) in direzione di te - prima ancora che lui sappia perché.

Ecco i mezzi più efficaci per ottenere l'attenzione di un ragazzo, in qualsiasi tipo di situazione:

1. Chiamata dell'occhio

Di tutti i mezzi del linguaggio del corpo per flirtare con un ragazzo, questo sembra ovvio, ma scommetto che non sei a conoscenza del potente impatto di un tipo di contatto visivo prolungato.

Fissalo fino a quando non lo saprà e ti farà l'occhiolino quando stai cercando di attirare l'attenzione di un ragazzo.

Ma:

Non distogliere lo sguardo quando lo fa!

Quando i suoi occhi incontrano i tuoi, continua a guardare profondamente nei suoi occhi e fai un piccolo sorriso.

Questo è il modo migliore per flirtare senza essere evidente.

Se ora stai parlando con il ragazzo, tieni d'occhio il contatto più alto che puoi.

Mentre presti attenzione a ciò che dice, cerca nei suoi occhi e non smettere. Dopo un paio di minuti, gli sembrerà che tu stia guardando nella sua anima.

I flirty truth or dares sono un modo fantastico per flirtare senza esporre la tua attrazione verso di lui.

2. Scoprire la sua passione

Questo modo raffinato di prendere in giro richiede qualche minuto di riflessione.

Se ora sai alcune cose sulla tua cotta, usale per intavolare una discussione.

Come esempio:

Se sai che gli piace la musica o qualche tipo di sport, trova i mezzi per convincerlo a parlarne con te.

Se gli piace la musica, iniziate una conversazione su un concerto a cui volete assistere, se si tratta di calcio, commentate l'ultima partita che era nelle notizie.

Se non sai nulla su di lui, controlla le sue scarpe da ginnastica, la sua maglietta, se ha gioielli addosso, qualsiasi cosa che possa essere un inizio di discussione.

Quando ero single, ho visto un ragazzo affascinante durante un viaggio a Los Angeles. Dalla sua maglietta ho capito che era una band.

Ero seduta una fila davanti a lui, così ho iniziato a giocare con il mio Ipad, e delicatamente mi sono alzata e ho camminato con esso poi sono tornata al mio posto dopo che mi ha visto, due minuti dopo mi ha chiesto cosa stavo ascoltando. Abbiamo passato tutto il viaggio a parlare e siamo usciti per qualche appuntamento a Los Angeles.

Questo è un metodo di flirt efficace che puoi usare con qualsiasi uomo, senza fare alcun tipo di "mossa" e senza nemmeno dover stabilire un contatto visivo.

3. Usa i tuoi capelli

Come questo, ma senza l'evidente "gira e sorridi". "

Gli uomini amano quando le ragazze si passano le mani tra i capelli.

La prossima volta che stai parlando con la tua cotta, passa casualmente la mano tra i capelli (e sorridi anche se è il momento giusto). Oppure mettiti i capelli dietro le orecchie per mostrare il tuo bel viso.

Questo gli rivelerà la tua fiducia in te stessa, pur essendo "femminile" e vulnerabile - due cose a cui un ragazzo non può resistere!

4. Fagli dei complimenti via SMS (nel modo giusto).

Agli uomini, proprio come a noi donne, piace ricevere lodi adorabili.

Assicurati di fargli i complimenti se ti piace qualcosa di un ragazzo.

Senza dubbio gli piacerà che hai osservato qualcosa di speciale in lui, e anche se noti qualcosa che non è così ovvio (come il suo aspetto, per esempio) - ancora meglio.

Qualunque cosa tu faccia, non fingere.

I ragazzi noteranno i falsi elogi e li tradurranno come un misero sforzo per flirtare audacemente, che non è quello che stiamo cercando di fare.

Per esempio:

Non mi complimento con un ragazzo per il suo aspetto (anche apparente), ma mi complimento con il suo senso dell'umorismo se ne ha uno

5. Pressatura accidentale/casuale.

Quando una femmina che flirta con loro li tocca all'improvviso (e delicatamente), i ragazzi evitano un colpo.

Le uniche zone "permesse" e raccomandate sono le sue braccia, la sua spalla o la sua schiena.

Li fa sentire comodi e desiderati, e molto più importante, li rende disponibili quando ti parlano e incoraggiati a flirtare con te in più.

Non prendere il suo braccio e dirgli quanto è grande la sua massa muscolare. No.

Come esempio:

Toccata sottile è appoggiarsi a lui e mettere la guancia sulla sua spalla per una frazione di secondo mentre si ride di una delle sue battute.

Camminare con un ragazzo che ti piace ti dà un vantaggio incredibile.

Lo vedi tutti i giorni e avete già del lavoro in comune?

Ecco dei modi semplici per flirtare con la tua cotta in ufficio:

Alzate discretamente le sopracciglia quando lo guardate e sorridete.

Toccalo tranquillamente (una pacca sulla spalla) quando ne hai la possibilità.

-Lodatelo per il suo lavoro, o per il modo in cui tratta gli altri colleghi di lavoro.

Mostragli il tuo lato divertente, o qualcosa di divertente o sciocco quando sei con lui.

Usa una "scusa di lavoro" per mandargli un messaggio dopo l'orario di lavoro.

-Complimenti.

Una donna che si complimenta con un uomo per qualcosa che trova accattivante è molto sexy senza essere sintomatica, finché si concentra sulle sue caratteristiche PG.

"Quando fai un complimento, dimostra che sei abbastanza sicuro di te da far sentire bene qualcuno. Questo non è solo far sentire il ragazzo meno intimidito da te, ma la tua evidente sicurezza ti rende anche più attraente".

Sorriso.

È sicuro, affidabile e qualsiasi ragazza può farlo!

" Sorridere è il mezzo più conveniente per flirtare", dice Lieberman. "È assicurato che ti fa apparire come il più bello, e non è necessario pianificarlo prima. Un ulteriore vantaggio del sorriso è che non è impegnativo. Puoi flirtare con lui, o tenere a mente qualcosa di divertente che qualcuno ti ha detto prima nel corso della giornata. Quindi non devi sentirti umiliata se lui non ricambia il flirt".

Dagli degli apripista per la conversazione.

Rendi semplice per lui parlare con te avendo in mente alcuni argomenti che faranno ribollire la discussione. Potete discutere del posto in cui vi trovate, della bevanda che amate... qualsiasi cosa su cui lui potrebbe intervenire.

"Molti ragazzi si bloccano nel sapere come iniziare una conversazione senza sembrare imbranati o smorfiosi", dice Lieberman. "Quindi, se gli dai un'apertura, si sentirà meno sul posto e apprezzerà l'incoraggiamento".

Toccalo.

Un colpetto sul braccio per rafforzare il tuo punto di vista andrà bene. (Conserva l'interno della gamba superiore dopo aver conosciuto molto di lui).

" Toccare con flirt è una meravigliosa indicazione che ti piace un uomo", dice Sadie Allison, M.D. "Ma tienilo pulito, in modo che lui non prenda il lato sbagliato del tuo amore leggero.

Toccare il viso, il braccio o i capelli va bene. Anche una spazzolata sulla parte superiore del corpo può andare bene, basta che sia la pancia testarda".

-Fare una chiamata con gli occhi, poi distogliere lo sguardo.

" Fare una chiamata oculare e tenerla per alcuni secondi molto più a lungo di uno sguardo informale crea lui a prendere nota di te e iniziare a mettere in discussione ciò che potresti aver voluto dire con questo", dice Lieberman. "È il grande 'flirt silenzioso' che può fargli desiderare di sapere di più".

Non c'è bisogno di fare l'occhiolino o di leccarsi le labbra (che schifo!) - Un semplice sguardo sarà sufficiente.

Siate espressivi.

Cattura la sua attenzione essendo il tipo di donna che non ha paura di alzarsi e ballare o rimanere seduta e mostrare i suoi punti di vista.

" Mostrare a un uomo che sei audace nei tuoi sentimenti sulla vita può catturare la sua attenzione e fargli desiderare di conoscerti", dice Lieberman. "Agli uomini non piacciono le donne noiose, inattive o stantie. Esprimiti da sola e lui vorrà impegnarsi con te".

Gira i capelli.

" Se non lo sai, scuotere i capelli è un segno tradizionale che stai flirtando", dice Lieberman. "Funzionava in prima media e funzionerà ancora per te come donna adulta".

Gli uomini scoprono gli elementi femminili del tuo aspetto irresistibile, e non c'è niente come l'affidabile lancio dei tuoi capelli per suscitare il suo interesse.

-Attenzione per lui.

Un'altra cosa da prendere in prestito dalla sesta qualità? Essere un po' cattivi. Gli uomini amano essere presi in giro - assicurati semplicemente di cercare di non risultare scortese.

" Una barba ben piazzata che riduca la sua sbruffonaggine può essere efficace", dice Lieberman. "Ma bisogna saper percorrere la linea sottile tra il mostrargli che sei creativa e non scoraggiata, senza danneggiare i suoi sentimenti. Agli uomini piace l'ostacolo intellettuale, ma ricordate che hanno un ego delicato che si irrita per l'eccessiva presa in giro".

-Essere una vera ragazza.

Contrariamente a quanto si potrebbe pensare, non c'è bisogno di essere "uno degli individui", anzi, essere proprio il contrario!

" Mentre è bello avere un 'gamine' nella manica per le divertenti cose sportive che potresti fare con lui più tardi, quando sei nuovo e solo nella fase di flirt, tienilo divertente e comodo", dice il dottor Allison. "Gli uomini sono attratti dalle qualità femminili di una donna e faranno più sul serio come potenziale compagno quando tu esibisci ciò. Inoltre, gli mostrerà che saprai come agire app

-Fargli delle domande.

" Fare domande dimostra che sei interessato a conoscerlo meglio", dice Allison. "Prendere nota di quello che ti dice è meglio e dimostra che stai ascoltando quello che dice.

-Suggerisci di uscire.

Un modo civettuolo per chiedere una data senza in realtà proporre è quello di raccomandare di fare qualcosa relativo a un argomento di cui avete appena parlato. Ad esempio, se ha detto che è andato solo a fare snowboard, digli che sei interessato a imparare come si fa.

" Molta gente parla, ma molti non prestano attenzione", dice Fulbright. "Apprezzerà il fatto che elaborate veramente quello che dice, e questo è abbastanza cruciale da ricordare".

-Risollevare qualcosa dalle informazioni

Ok. Non essere un geek di occasioni esistenti o un loony di Bachelorette riguardo a questo, ma chiedi il suo punto di vista su qualcosa nelle "notizie" o nella cultura popolare che non può essersi perso a meno che non abbia vissuto sotto una roccia.

" Questo dimostra che ti interessa ciò che pensa", dice Allison. "È un metodo fantastico per flirtare e gli dà la possibilità di divertirsi standoti vicino. Conoscere i suoi pensieri, anche se non siete d'accordo. E assicurati di non irrompere con la tua opinione, ostacolando la sua. Mantieni la conversazione reciprocamente specifica. Stai lontana dalla troiaggine non parlando di sesso, in nessun modo".

-Essere aperti

Quando hai un linguaggio del corpo invitante, con un aspetto amichevole e accogliente, lui ti troverà molto più accessibile.

" Il linguaggio del corpo aperto è invitante e manda il messaggio appropriato, così lui sa che ti piace", dice Allison. "L'apertura sottile come le braccia allentate (mai piegarle), un sacco di contatto visivo, risatine e sorrisi ai suoi commenti sono tutti buoni. Basta non prenderlo molto, come appoggiarsi mostrando il seno, o non riposare come una signora".

Essere ricercati

Usa i tuoi poteri di destinazione per ottenere l'interesse degli altri uomini nella stanza. No, non costruire con loro. Fai solo in modo che capisca che anche altri uomini ti notano.

" Essere desiderata da altri uomini è un'aggiunta sana ed equilibrata al tuo risultato complessivo di flirt", afferma Allison. "Quando ti porti bene, tieni la testa alta con fiducia e anche sicurezza, è estremamente accattivante per gli uomini. Aggiungi al mix un outfit sexy e ben creato, e non ti lasceranno più! Quando noti che gli occhi ti scrutano da tutta l'area, non essere scioccato. Quando un ragazzo osserva altri uomini curiosi del suo appuntamento caldo, gli garantisce che ha un buon partito. Si sentirà orgoglioso e, inoltre, ti vorrà molto di più".

Ballare con lui

" Il ballo è sensuale in natura, permettendovi di dare suggerimenti su ciò che è da condividere così come venire quanto lo desiderate senza gettarvi su di lui", dice Yvonne K. Fulbright, Ph.D., scrittore di Sultry Sex Talk to Seduce Any Lover. "Egli può anche sentire letteralmente vicino a voi, in un modo che certamente avrà lui desiderare molto di più".

Ma niente Humpty dancing, per favore.

Imitare i suoi movimenti

Quando rispecchi le attività di qualcuno che ti interessa, invia il segnale che sei sulla stessa lunghezza d'onda. Per i principianti, prova mosse raffinate come sedersi nello stesso ambiente in cui si trova lui.

" Questa è l'adulazione suprema", dice Fulbright. "E troppa elaborazione avviene a livello subconscio, facendoci piacere di più le persone che ci raffigurano".

-Chiedergli assistenza

Non c'è modo migliore per far sentire un ragazzo desiderato che richiedere la sua assistenza per qualcosa, anche se sai che potresti farlo tu stesso!

" È bello essere ricercati e a portata di mano", dice Fulbright. "È un fantastico colpo di vanità e dimostra che si pensa a lui".

-Radicare la fiducia in se stessi

" La fiducia in se stessi può essere un tale afrodisiaco quando viene esercitata in modo reale, non in modo da guardarmi", dice

Fulbright. "Le persone brillano quando si sentono bene con se stesse, e inoltre, questo è semplicemente attraente!

È intelligente, esilarante, accattivante, e ogni piccola cosa che avete sempre desiderato in un uomo. Non siete sicuri se gli piacete allo stesso modo.

Dato, ti associa di solito, ti manda spesso messaggi spiritosi e carini, e ti ha anche preso una barretta dolce quella volta al centro commerciale. Ma è perché gli piaci o è perché ti trova un amico fantastico? C'è solo un mezzo per scoprirlo.

Devi flirtare con lui.

Flirtare non è così difficile come pensi. E, è più o meno divertirsi con il tuo uomo principale e fargli sapere che sei interessata che eccitarlo.

Credeteci; una volta che la padroneggiate, finirà senza dubbio per diventare una forza dell'abitudine per voi. Sarai certamente in grado di attrarre quasi ogni tipo di uomo su questo pianeta.

Non che tu voglia qualsiasi uomo. Volete solo quella particolare persona!

Per aiutarvi ad arrivare lì - affascinare il vostro uomo principale - abbiamo messo insieme una lista di controllo di 8 modi per flirtare con lui senza essere ovvio e anche otto idee che possono farvi venire attraverso clingy.

Credeteci: non volete essere sorpresi a fare la seconda!

> **Non apparente: sorridere e salutarlo quando lo vedi**

Avete mai visto un bambino che vi sorride e avete sentito un sorriso scoppiare anche sul vostro viso? Non si può fare a meno di rispondere a quello sguardo innocente di felicità.

Questo è ciò che il sorriso fa anche al tuo uomo.

La prossima volta che lo incontri, sorridi e salutalo anche con vero amore. Vedrai che anche lui ti inviterà a tornare con un enorme sorriso.

Credeteci: niente è così contagioso come un sorriso. (Forse i batteri, ma questo è un punto di vista di flirt, non una lezione di scienze!)

Semplicemente nota: il tuo sorriso ha bisogno che sia reale perché funzioni il suo fascino. Perché tutti gli esseri umani hanno un sensore di falsità incorporato. Quindi, non aiuterà la tua situazione se sei incazzata con lui ma lo saluti con un debole sorriso di gesso!

> **Appiccicoso: Abbracciarlo più a lungo di quanto sia educato quando vi incontrate.**

Riconosciamo che hai perso la testa per lui. I tuoi amici sanno che hai perso la testa per lui. E c'è anche un'alta possibilità che lui sappia che hai perso la testa per lui!

Come può l'uomo non quando i tuoi sentimenti sono dappertutto ogni volta che sei intorno a lui? E c'è quella cosa imbarazzante che fai trovando giustificazioni per abbracciarlo regolarmente. Anche questo, più a lungo di quanto sia considerato salutare!

Credeteci, è la cosa più necessaria che ogni individuo può fare quando ha una grande cotta per qualcuno.

Non che vi condanniamo per averlo fatto. Tutti noi avevamo dedicato tali mascalzonate in nome del flirt quando eravamo ecologisti nel gioco. Basta che smettiate da qui in poi, e sareste a posto.

> ➢ **Non evidente: Tieni il suo sguardo quando gli parli**

Gli occhi sono le finestre dello spirito. Non c'è da stupirsi che non ci sentiamo a nostro agio a guardare a lungo gli occhi delle persone quando parliamo con loro. Tuttavia, è proprio quello che devi fare quando vuoi flirtare con lui in modo discreto e fargli sapere che sei interessata.

E poi, non senti un brivido in più nel tuo cuore ogni volta che i suoi occhi incontrano i tuoi?

Quando tenete il suo sguardo durante le vostre discussioni, fareste lo stesso con lui.

È un sottile segnale del linguaggio del corpo che gli dice che lo stai ascoltando con attenzione. Che pensate che le sue parole siano eccezionali e che la discussione è fondamentale. Inoltre, tenere lo sguardo di qualcuno significa un'audace fiducia in se stessi. E la fiducia in se stessi è estremamente accattivante!

- ➤ **Appiccicoso: Chiedigli cosa pensa del tuo abbigliamento.**

Per favore, non fatelo.

Potresti pensare che sia carino e sfacciato quando gli chiedi cosa pensa del tuo vestito, ma in verità, significa instabilità.

Il fatto è che le donne che sono sicure del loro aspetto, dei loro capelli e del loro abbigliamento non chiedono mai lodi agli uomini in modi "sottili" come questo. È perché non hanno bisogno di apprezzamenti per aumentare la loro immagine di sé. Sanno già di essere incredibili, e se i complimenti arrivano a modo loro, li accettano volentieri.

Se vuoi impressionare lui, impressiona te stessa. Mettiti qualcosa di attraente.

- ➤ **Non si nota: Sussurra nelle sue orecchie quando sei fuori con lui in un luogo pubblico.**

La cosa migliore di questa tattica è che avvicina voi due, ma lo fa in modo elegante.

Dato che i luoghi affollati tendono ad essere un po' rumorosi, voi due dovrete gridare per essere ascoltati dal frastuono (non consigliato!) o flettervi in modo da poter sussurrare la vostra conversazione nelle orecchie dell'altro.

L'ultimo sviluppa un senso di affetto perché sussurrare porta una persona più profonda nella vostra stanza privata.

Potete essere sicuri che questo metodo porterà sicuramente voi due più vicini anche dopo che sarete usciti dalla situazione congestionata e non avrete più bisogno di violare lo spazio personale dell'altro.

Proprio ora, non ti dispiacerebbe farlo comunque.

Needy: Sussurrare nelle orecchie senza motivo.

La ragione per cui la strategia precedente funziona e questa no è che, in una zona affollata, non avete altra scelta che mormorare nelle orecchie dell'altro. Ma quando siete le uniche due persone in un parco e potete sentirvi rapidamente da una certa distanza, immergersi deliberatamente vicino per sussurrare nelle sue orecchie lo spingerebbe prontamente a rigurgitare la sua guardia. Non vi ha invitato nella sua stanza privata!

Tieni a mente: questa strategia riguarda il flirtare con lui quando non sei sicura se gli piaci o no. Dal momento che se voi due siete ormai vicini, e pensate di piacergli, questa tecnica non funzionerebbe certo così fuori luogo.

> **Non apparente: sposta lentamente i tuoi capelli da una spalla all'altra mentre parli con lui.**

Sotto c'è una realtà che nessuno può confutare: le signore hanno dei bei capelli! Da quando li puliscono regolarmente e fanno un'iniziativa per mantenerli lucidi e sani, soprattutto.

Ecco perché adora quando fai scorrere le dita tra le tue ciocche o giochi con un capello mentre parli con lui. Niente fa scattare la sua immaginazione creativa meglio di questa mossa naturale, vivace, ma potentemente femminile!

Un'altra volta che stai avendo una vera conversazione con lui, sposta delicatamente i tuoi capelli da un lato all'altro della testa e poi rimbocca le ciocche vaganti dietro l'orecchio. È uno dei mezzi più semplici che puoi ottenere per farlo iniziare a pensare a te come quella giusta!

> **Appiccicoso: Appoggiare "accidentalmente" il tuo piede contro il suo, anche se lui ha spostato il suo da un po'**

Ecco un esempio basilare di linguaggio del corpo per te: se qualcuno ti permette di appoggiare il tuo piede contro il suo quando finiscono accidentalmente per toccarsi, questo suggerisce che hanno un interesse per te e non gli dispiace che tu sconfini nella loro area privata. Se invece allontana il piede, significa che non è a suo agio con te (se hai appena conosciuto questa persona) o non sta pensando a te in modo romantico (se voi due vi siete già frequentati diverse volte).

Quando si verifica l'ultimo quando sei con il tuo uomo principale, indipendentemente da quanto ti possa piacere, non cercare di appoggiare di nuovo il tuo piede contro il suo! Mancheresti di rispetto alla sua stanza privata e inoltre ti ritrarrai come appiccicosa.

> **Non apparente: toccare un dito sul labbro mentre si pensa**

Toccare un dito sul labbro è uno dei metodi di flirt più potenti. Può generare passione in lui prontamente! Utilizza questa tattica con intelligenza e modestia se non vuoi rendere estremamente evidente il tuo interesse per lui.

Un modo giusto per farlo è toccarsi il labbro in sua presenza mentre si sta pensando qualcosa.

Questo gesto è del tutto naturale, e quindi non suscita la sua incertezza. Tuttavia, trasmette un messaggio alla sua mente subconscia: che tu sei una donna che potrebbe baciare un giorno se ti chiedesse di uscire.

Questa tecnica è come la variante moderna della tecnica "fai cadere la tua sciarpa davanti a lui" che le donne usavano in passato. L'idea è quella di mettergli in testa l'idea di perseguirti, facendogli credere che sia sempre stata una sua idea!

> **Privato: Trova scuse per raccogliere qualcosa sul pavimento di fronte a lui o fare una posizione yoga improvvisata**

Abbiamo capito! Sei orgoglioso del tuo fisico.

Forse è perché hai lavorato spesso al centro fitness e hai perso qualche chilo in più, o forse è perché sei nato con un corpo da top model e intendi rivelarlo.

Qualunque sia la tua ragione, non disegnare questa tecnica davanti a lui se non vuoi sembrare appiccicosa. Tuttavia, molte persone non continuano a far cadere i loro telefoni, cappuccini e trucchi più volte (per favore, non andate giù per il latte!) in quindici minuti!

Fallo solo una volta se vuoi usare questo metodo di flirt (è uno dei più interessanti). Cioè, o fai cadere la tua penna in modo innocuo e dopo la riprendi mentre lui ti guarda, o rivela che i tuoi muscoli si sentono stretti per aver riposato così a lungo e dopo fai un po' di stretching con esercizi yoga regolari!

> **Non ovvio: fagli un complimento su qualcosa di specifico**

Probabilmente non lo sapete, ma gli uomini amano le lodi (quelle vere, cioè) tanto quanto voi. L'unica distinzione è che la società pensa che le donne abbiano bisogno di essere abbinate mentre gli uomini no.

Basta tenere a mente questi punti prima di finire per dedicare un passo falso di lode.

Uno: fate i complimenti al suo carattere, non all'attività. Se aiuta una donna anziana ad attraversare la strada, ditegli che è un uomo gentile perché lo ha fatto.

Due: essere estremamente specifici. Quindi, non dirgli semplicemente che è carino. Informatelo che lo trovate adorabile perché vi ha aperto la porta.

E tre: non fare complimenti al suo aspetto. Perché se è bello, l'ha già sentito molte volte!

> **Bisognoso: Pizzicargli le guance o la mascella quando lo lodi**

Quando siamo incredibilmente pazzi per qualcuno (o abbiamo una cotta significativa!), non possiamo fare a meno di volerlo toccare il più possibile. È una richiesta personale, quindi non sentitevi strani su questo.

Detto questo, se continuate a trovare ragioni per pizzicare le sue guance o toccare la sua mascella all'inizio della vostra interazione, ne uscirete solo bisognosi.

Credeteci, potreste pensare che sia carino quando gli dite che è tremendo e poi gli date un pizzicotto sulla guancia come un bambino di cinque anni, ma probabilmente si sposterà presto lontano da voi perché vi siete intromessi nel suo spazio personale senza il suo permesso.

Un'idea molto migliore è quella di alleviargli lentamente il fatto di essere d'accordo con i vostri tocchi, pulendo la vostra spalla contro la sua mentre passeggiate fianco a fianco o tenendogli la mano quando attraversate una strada trafficata.

> **Non apparente: tocca delicatamente il suo braccio o la sua spalla mentre parla con lui**

Questa è una strategia di flirt molto più sicura, ma se fatta correttamente non ecciterà l'incertezza di nessuno.

Tutto quello che devi fare è sfiorare la tua spalla contro la sua ogni volta e anche dopo, mentre entrambi passeggiate l'uno accanto all'altro e poi toccate delicatamente il suo braccio ogni volta che volete attirare la sua attenzione su qualcosa che avete osservato.

Tieni presente che ogni tua azione deve essere del tutto naturale, altrimenti si noterà molto bene che stai flirtando.

Ciò significa che se gli vai dritto addosso, deve sembrare veramente che stavi guardando in un'altra direzione; quindi l'hai incontrato inavvertitamente. O forse hai trovato la sua battuta divertente e gli hai urtato la spalla per mostrare il tuo apprezzamento.

Credici, troverai molti metodi per toccarlo in modo naturale; devi solo cogliere l'opportunità con fiducia quando si presenta!

> **Appiccicoso: Esagerare le tue azioni ed espressioni ogni volta che lui è nei paraggi**

Sì, sappiamo che sei felice di vederlo, ma questo non significa che diventi un pagliaccio totale quando appare! Pavoneggiarsi in quel modo è un gigantesco giveaway del fatto che sei seriamente innamorata di lui, che è il modo più facile per perdere il suo interesse, dato che gli farebbe sentire che può averti senza metterci anche un'iniziativa.

Quindi, controlla le tue emozioni ogni volta che sei con lui.

Non hai bisogno di essere una regina di ghiaccio (per favore non reprimere completamente le tue emozioni); sii semplicemente a tuo agio e continua ad essere posizionata. Gli uomini amano le donne così.

E, espressioni e attività esagerate, solo per ottenere il suo interesse, facendoti sempre sentire come una regina della drammatizzazione di alto livello. E gli uomini buoni di solito non sono attratti da questo!

> Non ovvio: mentre ti allontani da lui, voltati e sorridi

Questa è forse la migliore idea flirty su questa lista di controllo. Poiché è uno dei metodi più dolci e notevoli, puoi permettergli di sapere che lo trovi eccitante e adorabile senza renderlo molto evidente.

Quindi, la prossima volta che lo salutate, allontanatevi di due passi da lui, poi voltatevi indietro come se voleste dargli un'ultima occhiata, sorridetegli e salutatelo, e poi andate via senza voltarvi di nuovo.

Credeteci, penserà ancora a questo adorabile momento anche dopo essere tornato a casa.

Basta non farlo spesso. Due volte è più che sufficiente, anche se penso che una volta sia perfetto.

> **Appiccicoso: Scarabocchiare il tuo numero di telefono su un foglio e poi baciarlo prima di darlo a lui**

Questo set è così bisognoso; è esilarante. E inoltre, non vogliamo assolutamente che tu sia il bersaglio dello scherzo. Quindi, evitate questo se non volete che lui rida di voi nervosamente mentre prende il giornale e dopo non vi chiami più!

È perché quando baci la carta, questo lo informa istantaneamente che sei interessata a lui e che non ha bisogno di fare altre iniziative per eccitarti. E gli uomini tendono a perdere la passione genuina rapidamente dopo questo, che è qualcosa che non vuoi.

Se vuoi dargli il tuo numero, fallo con fiducia. Forse anche dire qualcosa alla lunga, come: "In genere non do il mio numero alle persone, ma tu sembri molto interessante". Sarebbe tutto in una volta un complimento, e anche un ostacolo ha dato che sarebbe certamente dirgli che hai apprezzato la conversazione con lui, ma ancora non ti ha sorpreso completamente.

Quando si tratta di prendere in giro, è sempre meglio lasciare che sia la sua creatività a fare la maggior parte del lavoro e farlo sentire ancora come se fosse lui ad inseguirti!

CAPITOLO NOVE

Nel gioco del viaggio legato al sesso, quello che dici non è quasi essenziale quanto quello che afferma il tuo corpo. Se siete così bravi a parlare in silenzio, potete dire molto di più con il vostro corpo di quanto le parole possano mai fare per voi.

Ecco come si fa.

1. Triangolare il contatto visivo

Per prima cosa, è necessario accentuare se stessi. Questo può essere realizzato aggiustando la collana, il colletto o l'orecchino, o togliendo la polvere dalla manica o dalla spalla, solo per citarne alcuni. Dopo aver catturato la sua attenzione, mantieni il suo sguardo per circa tre secondi, interrompi il contatto visivo verso il basso per prendere il naso, le labbra e il mento.

Il contatto visivo triangolare collega il bisogno di conoscere più a fondo l'altra persona (e non sto parlando di persone "sessuali"!). Mentre agli uomini in genere non dispiace il contatto visivo prolungato con una donna sconosciuta (anzi, lo bramano specificamente se è stupenda), le donne, invece, tendono ad essere invece aggravate da lunghi sguardi di uomini sconosciuti (anche di bell'aspetto).

Attenzione alle differenze culturali.

2. Sopracciglio Flash

Il richiamo degli occhi con un flash di sopracciglia seguito da un sorriso ha un risultato ancora più efficace.

Fai una chiamata agli occhi, mantieni il suo sguardo per circa tre secondi, e interrompi la chiamata agli occhi verso il basso (molto velocemente). Mentre guardi di nuovo, prendi nota del mento, delle labbra, del naso, e trova la strada fino agli occhi. Aggiungi il flash delle sopracciglia e il sorriso.

Il messaggio che state facendo passare è: "Inizialmente ero solo rispettoso... e ora che ho guardato bene... OH-WOW!

Le persone timide possono farlo molto meglio del tipo più aggressivo, perché le sfumature e la discrezione vengono naturalmente ai maschi e alle femmine timidi.

3. Accattivante

Quando hai il suo interesse e la conversazione scorre, usa le tue dita per accentuare i tuoi occhi e per mantenere il suo sguardo concentrato su di te - così come solo su di te. Questo è specificamente cruciale quando lo scambio sta avvenendo in problemi confinati o affollati.

Tocca discretamente il tuo naso o strofina delicatamente la tua guancia, assicurandoti che l'indice tocchi la zona intorno al bordo esterno dell'occhio; le altre dita puntano alla zona della bocca. Questo dice: "Vedi, stiamo avendo una discussione proprio qui". Per creare un ottimo rapporto, assicurati di mantenere il contatto visivo quando l'uomo sta parlando, dopo di che, quando il suo sguardo inizia a vagare, riportalo indietro dirigendo i suoi occhi ai tuoi occhi e anche alla zona della bocca.

Un'altra cosa che puoi fare è tenere la tua faccia in entrambe le mani con il mento appoggiato sui palmi e le articolazioni dei gomiti sul tavolo. Accarezza delicatamente l'area intorno ai bordi esterni di entrambi gli occhi con l'indice o il medio; le altre dita si stendono a semicerchio intorno al tuo viso. Questo dà l'illusione di un mormorio o di un segreto condiviso. Molto intimo!

E inoltre, se usate gli occhiali, toglieteli gradualmente, strofinatevi gli occhi molto rapidamente e rimettete anche gli occhiali. E non si strofini gli occhi rossi perché la mela del suo occhio ha la sua attenzione attratto il ragazzo o elegante l'altro lato dello spazio.

4. Sguardo laterale

Questo si ottiene meglio quando si esce o quando si riposa con la schiena, cambiata in direzione della persona da cui si vuole essere attratti. Guardare gradualmente indietro con le palpebre parzialmente chiuse ma far cadere lo sguardo dopo che è stato notato. Questa diminuzione dello sguardo dovrebbe essere breve. Cerca di triangolare la tua chiamata agli occhi iniziando dal mento, dalle labbra, dal naso e procedendo verso gli occhi. Sorridere.

Smorzare le labbra nello stesso momento in cui si abbassa lo sguardo aumenta la tensione legata al sesso.

Per le donne, lo sguardo laterale incorporato con un lancio di capelli e labbra separate può essere utile. 5. L'incrocio delle gambe (solo per le donne).

Le gambe a maglia accentuano il portamento del corpo e danno l'impatto di un alto tono muscolare. Incrociare e disincrociare le gambe mentre si è amati da un maschio interessato è un forte segnale di attrazione, in particolare quando si mantiene contemporaneamente il contatto visivo, si inclina la testa lateralmente e si accarezza o si strofina anche un ginocchio.

La fregatura qui è che il tipo di uomini che è più che probabile attrarre con questa azione sono uomini arrapati - sì, il tipo "mordi e fuggi"! A meno che tu non conosca veramente il tipo e non abbia anche le sue statistiche controllate, tieni entrambi i piedi per terra - e insieme.

E se siete in coppia o sposati, queste azioni del linguaggio del corpo possono fare miracoli per la vostra chimica sessuale. E se integrate con un contatto visivo prolungato e l'accarezzare oggetti rotondi come il gambo di un bicchiere di vino bianco, una cannuccia, una penna, una matita o una sigaretta... Aiyaiyaiyiayai! Houston, abbiamo un problema".

Non sempre. Direttamente, non credo che i gesti meccanici del linguaggio del corpo, per quanto lisci, diretti e impeccabili, possano fare qualcosa per te, a parte aumentare la tua fiducia e ottenere il potere legato al sesso che scorre nel tuo corpo. Sono i sentimenti di fiducia che provengono da te che iniziano l'attrazione sessuale. Il linguaggio del corpo può solo mettere in moto la chimica sessuale esistente. Se puoi usare il linguaggio del corpo per causare un effetto domino, sei a metà strada!

E semplice come ci vuole sforzo e strategia per essere fluente in qualsiasi lingua, hai bisogno della tecnica per essere ben esperto nel linguaggio del corpo. Puoi fare pratica davanti a uno specchio o con l'aiuto di un buon amico disponibile. Vedrai che man mano che sei molto più esperta nel tuo linguaggio del corpo per flirtare e per la destinazione sessuale, aumenta anche la tua fiducia in te stessa come donna sessualmente attraente.

L'obiettivo non è quello di diventare un esperto del linguaggio del corpo, ma di diventare sessualmente sicuro con l'altro sesso. Basta divertirsi con il proprio essere legato al sesso.

Puoi anche usare questa conoscenza per valutare se qualcuno stava flirtando con te, controllandoti e se era attratto da te. Ricordate, il linguaggio del corpo non è una ricerca scientifica precisa.

6. Tocchi vivaci.

Se sei interessata a un ragazzo che sembra riluttante a portare le cose al livello successivo, un paio di tocchi ben ritmati e "inaspettati" possono fare una grande differenza. Questo gli permette di fare lo stesso, e lo farà sentire più a suo agio intorno a te.

Rendi i tocchi discreti. Quando lodate qualcosa che sta usando, potete toccarlo rapidamente.

7. Mostra un interesse genuino.

Essere un eccellente conversatore non significa creare frasi creative o mettere in mostra i propri successi. Si tratta di essere un buon ascoltatore. Si sentirà come la persona più importante della zona quando farai la domanda giusta e darai all'uomo tutta la tua attenzione. Questa è una sensazione che dà assuefazione, e senza dubbio lo lascerà desiderare di più.

Sii sinceramente interessato a lui e alla sua vita. Senza farlo sembrare un incontro, chiedi della sua famiglia e dei suoi affari. Se ha qualche hobby che non ti è familiare, chiedi una spiegazione di come funziona.

Mentre parla, sii fermo e attento. Quando si ferma, non rilasciare istantaneamente tutte le idee che hai pensato mentre stava parlando. Lo farà sentire come se tu fossi molto più interessato ai tuoi punti di vista che ai suoi.

Una tecnica di conversazione affidabile ma basilare è quella di utilizzare il nome dell'altra persona. Sentire il tuo nome da un'altra persona è come un'attrazione psicologica. Naturalmente, andare troppo lontano con questo potrebbe farlo sfuggire un po', ma usarlo moderatamente è un ottimo modo per costruire l'affetto.

8. Sii innocentemente seducente.

Essere innocentemente sexy non significa spostare il rossetto più scuro e l'abbigliamento più rivelatore. È ancora più spensierato e sfacciato di così. Flirtare correttamente è tutto ciò che riguarda gli spunti sottili. Il ragazzo li noterà certamente, ma non è naturalmente evidente a qualsiasi persona di passaggio cosa sta succedendo.

Giocare con i tuoi vestiti, gioielli e capelli attirerà la sua attenzione su di essi. Passare ripetutamente le dita tra i capelli. Attaccare il tuo labbro ogni tanto. Quando sta parlando, non esitare a far vagare i tuoi occhi dai suoi occhi alle sue labbra ancora e ancora. Inclinati nella sua direzione quando sta parlando, come se fossi attratta da lui senza pensare.

9. Finisci prima la conversazione.

Non aspettate di aver esaurito le idee di discussione prima di andarvene. Andartene mentre lo scambio è ancora fresco ed energico gli lascerà un'impressione positiva di te. Sarà ansioso di vederti ancora una volta e di condividerle se sente di avere altre cose da aggiungere.

Quando stai conoscendo qualcuno per la prima volta e sei determinato a stargli vicino, questo può essere difficile da fare. È molto meglio che stare lì finché non finisci le cose da dire e devi andartene con una nota imbarazzante o apatica. Lasciare che lui voglia di più è molto superiore all'eccesso di condivisione nelle prime interazioni.

Recap: Come flirtare faccia a faccia:

-Complimentalo e prendilo in giro, ma non esagerare con nessuna delle due cose.

-Smile- e suggeriscilo!

Toccalo in modo giocoso (non essere anche ostile).

Si interessa realmente a ciò che ha da dire.

Sii innocentemente seducente. Non siate affidabili, dategli solo segnali di interesse in modo che possa andare a cercare altre cose.

-Finire prima la discussione - è sempre meglio lasciarlo desiderare di più.

Flirtare a distanza.

Stuzzicare dall'altra parte della stanza può essere eccitante e attraente. Può essere con un ragazzo a cui sei attualmente interessata, o un attraente sconosciuto che hai appena trovato e vuoi conoscere meglio, prendere in giro a distanza gli dà il pollice in su per avvicinarsi a te e iniziare un flirt faccia a faccia.

-Chiamata degli occhi

Il contatto visivo è il metodo più evidente per flirtare da lontano. Un ragazzo scoprirà nel suo campo visivo se lo guardi in modo più morbido.

Se è interessato, questo lo renderà affascinato. È un altro modo per evitare di guardarlo erroneamente per molto tempo.

-Smile

Accoppiare il contatto visivo con un sorriso piacevole è come un perfetto uno-due. Oltre a camminare dritto verso di lui, c'è ben poco che tu possa fare per far conoscere i tuoi sentimenti.

Non cadete nella trappola di pensare che un'espressione fredda e disinteressata sia attraente. Una donna che fa la difficile è una tecnica stanca che solo un uomo che ama i giochi mentali sarà eccitato da lei. Questo non è il tipo di uomo con cui vorresti uscire, quindi non soddisfare questa esigenza.

Inoltre, se non hai la possibilità di sorridergli direttamente, ridi molto, in generale, ti renderà certamente invitante e amichevole.

-Vedi il tuo linguaggio del corpo

La maggior parte della nostra interazione non è verbale, il che significa che devi prestare attenzione al tuo linguaggio del corpo. Stare in piedi rigidamente con le braccia saldamente attraversate assomiglia ad un gigantesco indicatore di "STOP" per qualsiasi tipo di uomo vicino.

Se sei un po' timido e trovi difficile rilassarti, inizia a mantenere quel sorriso vincente. Fai un respiro profondo e permetti ai tuoi tessuti muscolari di rilassarsi. Tieni la tua posa aperta e il mento in alto: questo dimostra sicurezza. Divertirsi con i capelli è il classico linguaggio del corpo civettuolo.

Essere dove è lui (senza seguirlo).

Ogni volta che hai la possibilità di avvicinarti a lui, toccalo. Finire discretamente nella sua zona primaria è un mezzo pacifico per catturare la sua attenzione e accennare al tuo interesse.

Fate il vostro mezzo e prendete da bere se lo vedete in piedi vicino al bar. Puoi provare a incontrarlo "erroneamente" dirigendoti lì o indietro. Vedi se c'è qualche persona che conosci in piedi vicino a lui, perché questo sarebbe un buon motivo per raggiungerlo.

Non stressarti per questo. Riprendi l'azione se ti sei messa sulla sua strada e lui non sta facendo nulla. O non è interessato, o ha bisogno di essere più positivo nel trovarti. Non fare tutto il lavoro da sola.

-Esserne certi.

Non c'è un insieme specifico di azioni che evidenziano il modo migliore per flirtare con una persona. Ciò che aiuta una persona può non aiutare un'altra. Ecco perché uno dei fattori essenziali nel flirtare è la fiducia in se stessi.

Se rappresenti un atteggiamento spensierato e senza paura, ti servirà bene in qualsiasi tipo di ricerca di flirt. Avere una disposizione positiva ed energizzata attirerà gli uomini indipendentemente da quello che stai facendo.

Nei giorni in cui trovi difficile essere sicuro, fingi e basta. Passare attraverso le attività di una persona particolare finirà, ad un certo punto, per farvi sentire come uno per genuino.

Wrap-up- Come flirtare dall'altra parte della stanza:

Fare una chiamata con gli occhi - basta fare attenzione a non guardare con gli occhi, fare una chiamata con gli occhi e distogliere lo sguardo.

Sorridergli timidamente da tutta l'area, poi distogliere lo sguardo.

Abbiate un linguaggio corporeo aperto - cercate di non essere rigidi e chiusi; questo manda un messaggio di "stare lontano".

Stare nella sua vicinanza e dopo di che, lasciargli iniziare la chiamata.

Siate fiduciosi.

Flirtare via SMS/Messenger.

Mandagli un messaggio in risposta a qualcosa che ha postato.

Piuttosto che "assaggiare" passivamente qualcosa che pubblica sui social media, prendi l'iniziativa e mandagli un messaggio diretto. Questo non tradisce prontamente i tuoi propositi, ma può indurlo a flirtare se è interessato.

Potresti mandargli un messaggio dicendo: "Il tuo canino è adorabile". Se condivide un video clip da una performance a cui è andato, puoi inviare: "Ho appena visto il tuo video dal concerto di ieri sera.

Una cosa qui è aggiungere un minimo di una domanda nel tuo messaggio. È più difficile per lui credere in quello che dici se mandi solo un complimento o una dichiarazione di base. Facendo una domanda, apri la porta ad un'altra conversazione.

-Fare una domanda interessante.

A proposito della domanda: non fare domande blande. Questo è il motivo per cui molte persone danno risposte di una sola parola a domande del genere.

Scavate un po' più a fondo. Fate domande che richiedono più di una risposta "sì" o "no". Non dire semplicemente: "Hai visto qualche film interessante ultimamente?". Scegliete per un extra specifico: "Qual è il tuo film preferito e perché?". Con la prima opzione, può dire rapidamente di no, e la conversazione è fatta. Con la seconda, ha bisogno di includere qualcosa di personale su se stesso.

Un ottimo argomento da esplorare all'inizio è il lavoro/carriera, i membri della famiglia e i passatempi. Quando lo conoscerai meglio, potrai indagare su speranze, preoccupazioni e grandi sogni.

Non inviare una raffica di messaggi.

Imita il suo modo di messaggiare per i primi tempi. Se sta inviando messaggi di 1 o 2 frasi, non inviargli tre paragrafi. Potrebbe essere che si sta scaldando e che non è ancora pronto a reclamare un bel po'. Ma potrebbe anche segnalare che non è troppo ansioso di parlare, il che significa che non hai intenzione di spendere molto nella discussione.

Non continuare a mandare messaggi se lui non reagisce. O è che non è il suo telefono; in questo caso, nessuna quantità di punti interrogativi dopo i tuoi testi lo farà rispondere molto più velocemente, o non gli piace proprio. Una volta inviato un testo, distraiti con un'altra cosa e lascia perdere lo stress per quando o come reagirà positivamente.

-Testi d'immagine.

I messaggi fotografici sono un metodo divertente per sentirsi molto più partecipi di ciò che dipende dall'altro individuo. Affermare che il tuo cane da compagnia sembra adorabile mentre riposa sui tuoi piedi non sarà mai così affascinante come l'invio di un'immagine della vista descritta.

Non sopportate di essere ben sintomatici nelle vostre foto (a meno che voi individui non andiate sul palco). Allo stesso tempo, non c'è niente di male nell'assicurarsi di apparire al meglio in qualsiasi tipo di foto che inviate al suo metodo.

Bitmoji, gif, così come emoji, sono tutti strumenti utili per creare un messaggio divertente e potente. Le gif stupide, principalmente, possono essere esilaranti quando vengono utilizzate come reazione. Se ti dice qualcosa di ridicolo che si è verificato al suo compito, potresti inviare una gif di un personaggio televisivo preferito che fa una smorfia.

Sii un po' sintomatico.

Ci sono modi indiretti per mostrare interesse via testo. Mostrare che vorresti essere con lui invece di mandargli un messaggio è una delle scelte migliori. Se lui sostiene che ha semplicemente montato un po' di pasta per la cena, puoi affermare che vorresti essere a consumare quella piuttosto che qualunque cosa sia che stai mangiando.

Quando manda qualcosa di adorabile o divertente, puoi dire: "Beh, grazie, ora sei responsabile del fatto che sorrido al mio telefono come un idiota". Un'altra opzione potrebbe essere: "Wow, ho appena grugnito ad alta voce".

Un mezzo per essere sintomatico è quello di dire cose che possono essere percepite come attraenti, senza essere vere e proprie. Per esempio, se non hai la possibilità di reagire immediatamente al suo messaggio, potresti dire: "Scusa, sono semplicemente uscito dalla doccia! Comunque...". Questo non è un vero e proprio flirt. Tuttavia, è un modo intrigante per fargli pensare che sei in bagno.

Aprire la porta per togliere le cose da una conversazione e personalmente.

Si desidera solo rimanere nella fase di presa in giro del messaggio per così tanto tempo. La buona notizia è che ci sono innumerevoli opportunità per significare astutamente di portare le cose su di una tacca.

Dite che vi piacerebbe vederlo qualche volta se vi informa su qualcosa che ha ottenuto per la sua casa. Questo beneficia allo stesso modo quando parla degli animali che ha. Poiché tutti gli animali ti amano, puoi scherzare sul fatto che sei abbastanza sicuro che vinceresti il suo cane da compagnia in un batter d'occhio.

Se fa una domanda che potrebbe essere rapidamente una risposta personale o lunga, ditegli che la risposta significa desiderare un messaggio, quindi dovrete dirglielo di persona qualche volta.

Anche i film e le band sono ottimi motivi per incontrarsi. Ditelo se un gruppo che piace a entrambi sta arrivando in città. Potete anche parlare di come state morendo dalla voglia di vedere un particolare film, e lo proiettano questo fine settimana.

Recap Come flirtare via testo.

-Messaggio in reazione a qualcosa che ha postato.

-Fare domande interessanti, cioè, non "Come va?

Non continuare a riempirlo di messaggi. Aspetta prima una risposta e non stressarti se ci mette un po'.

-Inviare testi di foto carine.

Sii un po' suggestivo, suggerisci che vorresti essere con lui invece di messaggiare, ma fallo in modo sottile.

-Aprire la porta per prendere le cose offline e faccia a faccia.

Perché gli os di solito vincono con il segnale del corpo flirty

Gli Os vincono perché vivono uno stile di vita invidiabile che molte donne vorrebbero poter emulare. La definizione di vittoria di ogni persona è diversa, e il posto in cui molte donne vorrebbero vincere non è quello finanziario. Vogliono le tre A: Attenzione, Affetto e Apprezzamento. Mentre la ragazza B ha funzionato duramente per rivelare quell'uomo che lei è sincera, nutriente, e il suo equivalente, eppure non può ottenere altro che rassicurazioni e pene. Mentre sono sicuro che questo libro avrà un sacco di critici che fraintendono il motivo di questo libro come qualcosa di subdolo e ingannevole; è molto più attrezzato di uno qualsiasi di questi, "Wait For God To Show You Mr. Right Blah This Too Shall Pass" insegnamenti che avrebbe posizionare il vostro destino nelle mani degli uomini, piuttosto che utilizzare il vostro cervello nello stesso mezzo gli uomini hanno fatto per secoli.

Vedo come la giovane generazione di uomini sta crescendo con poco o nessun riguardo per le donne perché il messaggio di sottomissione della cagna della zona di cottura ha molte femmine sottomesse e docili. I presunti "New Niggas" non vedono la maggior parte delle donne come intelligenti, le vedono come dei buchi, e non sono solo gli uomini nati alla fine degli anni '80 o all'inizio degli anni '90, anche la vecchia generazione di uomini sta vedendo quanto sia semplice cambiare e truffare le donne dalla figa. Gli incontri sono il bush West, e le donne vengono spazzate via come i nativi americani perché si rifiutano di andare avanti con i tempi e usare la guerra moderna.

Quello che è successo è una linea "Noi contro Loro" tracciata nella sabbia dove le donne hanno finito per essere così spente dalle abitudini degli uomini che si abbandonano alla rabbia e ai dibattiti difensivi sul dovere di un maschio nella loro vita. Ascolto sempre: "Forse se gli uomini capissero esattamente come apprezzare una buona donna al contrario di una povera stronza, i bambini sarebbero certamente aumentati di diritto" o "Dite a questi uomini come dovrebbero comportarsi perché noi stiamo facendo la nostra parte". Queste mentalità nascono dalla frustrazione. Le donne sono rivoltate dal fatto che gli uomini non si comportano nel modo in cui dovrebbero comportarsi. Cioè, se lei lo tratta bene e con rispetto, lui deve trattarla allo stesso modo. Questo non accadrà di certo perché gli uomini avranno sempre motivazioni alternative nella scelta delle compagne che non hanno assolutamente nulla a che fare con ciò che una donna gli tiene o a cui è più devota! Piuttosto che sedersi e vedere donne meravigliose crollare perché stronzo dopo stronzo le rifiuta o le scarta, avevo bisogno di mostrare nel modo più ovvio possibile, esattamente come ogni tipo di femmina può vincere!

Questo libro non è solo per ottenere qualcosa dagli uomini, ma per ottenere tutto dalla vita. Sì, tu e la tua migliore amica siete donne indipendenti che non hanno bisogno di fregare un ragazzo perché siete autosufficienti. Brindo a questo. Non avete bisogno di essere viziate o sponsorizzate perché potete concedervi una giornata in un centro benessere o una borsa. Brindo a questo. Brindo a tutto questo, perché adoro il potere del "sono sia re che regina". Tuttavia, sarebbe sciocco ignorare la verità.

La realtà è che ci sono diversi gradi di potere femminile, e non dovresti smettere di impararli da quando sei una donna in carriera nel web o sei sposata.

Qualcuno mi ha detto all'inizio di questo processo che non le piace il pensiero delle donne che mentono agli uomini, e anche che le tattiche Ho sono pericolose. A me non piace il pensiero che gli uomini mentano alle donne, eppure, indovinate un po', tutti i miei amici maschi lo fanno ogni giorno. Non si tratta di abbassarsi al loro livello; si tratta di conoscere quel livello per attingere a questo potere Ho quando ne hai bisogno. Perché una donna dovrebbe voler attingere a questo potere Ho quando può rimanere sulla retta via ed essere una donna fenomenale? La retta via sta fallendo! Le donne più oneste e amorevoli là fuori sono state incastrate perché è stato insegnato loro a pregare invece di sapere perché sono state incastrate. Sono stufa di vedere madri single che fanno tutto bene e poi finiscono per cadere nei giocatori. Sono stufa di vedere donne di 30 anni che ancora vanno dietro alla carota dell'impegno dello stesso barbone che ha guardato fuori dalla loro vita per molti anni perché non pensano che nessun uomo le vorrebbe alla loro età. C'è più potere da riguadagnare nelle amicizie e nelle relazioni coniugali, anche se ci si immerge un po' nel cosiddetto lato oscuro del Girl Power.

Nessun problema la situazione che menziono per la necessità di Ho Power, ci saranno detrattori che sentiranno che ho esagerato perché questi metodi non si integrano bene con i loro deboli programmi di cagna. Alcuni di voi che leggono questo potrebbero essere confusi sul fatto che si debba o non si debba applicare queste strategie. Quelli di voi che leggono questo libro e si rendono conto che le lezioni cambieranno in modo permanente se non tracciate mai un segno nella vostra vita. Troverete un nuovo livello di fiducia in voi stessi che vi stupirà.

Questo è il vostro viaggio, non importa chi lo condivide con voi o vi critica per questo, siete venuti su queste pagine web per scoprire qualcosa di nuovo, e ci siete riusciti. Non va bene qui; dovreste continuare a rinforzare le lezioni fino a quando la vostra fiducia sarà intoccabile.

Non preoccuparti se sei troppo morbida per essere uno spartano o troppo onesta per essere una Ho. Questo libro è la prova che sei disposta ad ottenere l'uomo dei tuoi sogni con qualsiasi mezzo per farlo attrarre da te.

Il contatto visivo per flirtare è il primo passo per creare una connessione

Il flirt tramite contatto visivo è di solito il primo passo per attrarre una persona del sesso opposto. Bisogna conoscere le basi del flirtare tramite il contatto visivo.

Quando consultiamo con la bocca e ascoltiamo con le orecchie, la mente è associata al processo. Il contatto visivo è il linguaggio del cuore. Non appena conosciamo i fondamenti e dopo aumentiamo la nostra ridotta fiducia in noi stessi, il cuore può intervenire e capire i segnali. Questo non significa che non dobbiamo sapere cosa il contatto ci sta informando.

Il flirt con gli occhi di solito inizia dall'altra parte dell'area. Noi li osserviamo dai vari lati dello spazio e loro ci vedono. Loro intravedono la tua direzione e permettono anche ai tuoi occhi di entrare in contatto. Spesso l'ostacolo più significativo è quello di resistere abbastanza e certi di non allontanarsi quando si ricambia il loro contatto visivo. Se li guardiamo e poi ci allontaniamo timidamente da loro, non potremo mai essere utili nel flirtare.

Tra i segnali che possiamo ricevere dall'altra parte della stanza c'è una vista laterale. Questo metodo è sicuro ma sottile. Questo viene fatto prendendo contatto con i loro occhi dopo che si distolgono un po' dopo un po' di tempo. Questo è un gesto simile a quello di girarsi per evitare il contatto visivo, ma comporta che una persona ammiri l'altra dopo aver mantenuto il contatto visivo per un breve momento e dopo aver spostato discretamente la testa di lato. Questa mossa è spesso usata dalle donne per inviare il segnale che sono interessate.

Il prossimo segnale di cui essere a conoscenza, che viene comunemente dopo lo sguardo laterale, è lo sguardo prolungato. In questa situazione, la signora stabilisce un contatto visivo con l'uomo, poi lo mantiene per un periodo più lungo e forse sorride. Questa può essere una dichiarazione forte che ha lo scopo di trasmettere l'idea che esiste una certa attrazione tra entrambe le parti. Alcune persone timide possono farlo in azioni graduali fino a quando non si sentono a loro agio e sono sicuri di restituire il segnale degli occhi.

Quando avete stabilito un contatto faccia a faccia, il contatto visivo assume una fase completamente nuova. Questa fase comporta una comunicazione più diretta tra voi due. In genere, in questa fase, una persona interessata ti darà un'occhiata feroce.

Un'altra attività popolare è lo stordimento su e giù. Si tratta di quel contatto visivo "guardalo"; questo è tipicamente fatto quando ci si passa davanti in una stanza o in un corridoio. Questo può essere un invito ad un'altra comunicazione. Una volta che hanno ammesso la realtà che sono interessati a questo controllo dello sguardo, allora il resto del processo può muoversi piuttosto prontamente. Tieni presente che per avere successo nel flirtare, dovresti conoscere e capire come identificare i segnali che hanno a che fare con il contatto visivo.

Goditi il flirt usando solo i tuoi occhi

Flirtare è la fase iniziale del corteggiamento. Per quanto banale possa sembrare, flirtare è un atto sessuale in cui una donna e un uomo possono iniziare a mostrare il loro desiderio reciproco. Questo colpo di spirito d'amore non esiste in tutte le culture del mondo; fa anche parte dell'istinto standard dell'uomo e di alcuni altri membri del regno animale.

Ma limitiamo la conversazione all'ambito degli uomini. I dati dimostrano che più del 50% dell'impressione che si ha su un'altra persona si basa sull'aspetto, i volti e il linguaggio del corpo di quell'altra persona. Attualmente, tra queste caratteristiche, gli occhi giocano il ruolo più significativo nel fare o danneggiare la vostra possibilità di lasciare un'impressione duratura e attraente.

Gli occhi sono le parti più espressive del corpo. Avete mai scoperto come flirtare con ragazzi o ragazze, a seconda della situazione, esclusivamente attraverso il contatto visivo?

Stabilire un contatto visivo con qualcuno dall'altra parte della stanza è un buon segno che tu e la persona che stai guardando vi state schiacciando e guardando l'un l'altro. Questa è la tua primissima forma di interazione; la possibilità di dire che sei interessato a quella persona senza parole.

- Sguardi ripetuti al pavimento

Guardare periodicamente verso il basso durante un richiamo visivo è un modo ovvio per mostrare la propria discrezione. Questo tipo di gesto oculare è probabilmente l'apice delle azioni flirtiche in quanto può essere considerato il partner dell'arrossire. Molti ragazzi e ragazze trovano che un lungo contatto visivo dritto popolato da sguardi periodici verso il basso può essere un atto di flirt molto attraente.

- Procedere al contatto visivo diretto

Significa che entrambe le vostre emozioni per l'altro sono alte se voi e la persona che state guardando potete mantenere un ampio contatto visivo. Per quanto riguarda le prese in giro, questo tipo di sguardo può tipicamente richiamare grandi sorrisi e aumentare l'impulso a prendere le azioni per scambiare qualche parola e passare alcuni momenti intimi insieme.

- Il ventilatore e il contatto visivo

Se il flirt fosse un tipo di arte, creare un contatto visivo sullo sfondo di un seguace che copre il resto del viso potrebbe essere considerato la Monna Lisa del flirt. Fortunatamente, questo metodo, per così dire, può essere usato solo dalle donne. Un maschio che tiene un ventaglio in faccia e fa anche la routine del contatto visivo potrebbe mandare il segnale sbagliato.

Questo stile di flirt risale al momento in cui le donne di alta cultura non erano obbligate ad essere tradizionali ed erano sempre accompagnate dai loro chaperon. Invece di essere completamente intimidite dalla visibilità dei loro accompagnatori-guardiani, quelle donne avevano sviluppato un modo per comunicare con gli uomini dei loro sogni usando il contatto visivo e un seguace. È il contatto visivo che interagisce, e il ventaglio funziona solo come copertura.

Nel corso degli anni, il ventaglio e il richiamo visivo sono diventati strumenti inseparabili per flirtare. Si è creato un codice di comunicazione usando questi due. Per esempio, per dichiarare che una signora ama il suo ragazzo, deve solo nascondere gli occhi dietro un ragazzo dispiegato; d'altra parte, facendo sobbalzare il dilettante da un occhio all'altro si annuncia che una signora è dispiaciuta.

CAPITOLO DIECI

Mettetelo in vena di sesso

Ecco un'informazione utile per tutte le donne là fuori: gli uomini sono piuttosto semplici da sedurre. Gli uomini sono animali incredibilmente visivi, e anche l'unico mezzo per renderlo interamente tuo è diventare più creativo con le tue abilità di flirt. Cosa dovresti fare per metterlo in vena di sesso stasera?

Mostra un po' di pelle. Proprio così. Diventiamo tecnologici nel frattempo. Gli uomini amano sembrare un po' di pelle, e non farà male se lo fai. Fatelo nel modo più sottile possibile. Un paio di abiti aderenti al corpo andrebbero bene. Questo è sufficiente per far infuriare i suoi agenti ormonali ed estremamente eccitati in un paio di secondi.

Come una signora, un tipico uomo si aspetterebbe che tu sia sempre profumata e piacevole. È un eccellente afrodisiaco così come più si ottiene meglio con lui, permettendogli di ottenere un soffio del tuo profumo, più lui 'd desidera essere a letto con te prima.

Avvicinati e flirta. Quando sei fuori in una normale serata al bar, ti mantiene accattivante e anche seducente, flirtare è il tuo strumento numero uno. Flirtate il più a lungo possibile, ma non venite fuori come qualcuno completamente a buon mercato per ottenere. Manda dei segnali misti e prenditi del tempo per stuzzicare la sua immaginazione creativa. Desidererà di più per tutta la notte.

Se vi sentite desiderabili e attraenti, cominciate a sembrare anche voi la parte. Sappiate come ammiccare a qualche sguardo bello e giocoso, e anche gli uomini saliveranno dopo di voi.

Fissa bene se ti fa dei sorrisi e cerca di stabilire un contatto visivo. Questo lo farebbe dimettere. Non tutte le donne sono incredibilmente audaci quando si tratta di flirtare con gli uomini. Più diventi pericoloso e ostile, più loro attaccherebbero l'esca. Quindi mantieni il contatto visivo con lui a tutti i costi.

Volete sapere IL segreto? Desideroso di più azione uno contro uno per due? Volete scoprire i semplici passi su come scopare? Pensaci o no, è molto facile come uno, due, tre. Non mi credi? Continua a leggere amico mio; continua a leggere.

Il vero segreto è che non è un segreto. Come? La sua conoscenza dell'area comune preparata nell'ordine appropriato che ti fa ottenere la valutazione finale. Dovete prepararlo per la notte che vi serve. È stato detto che "la pulizia è accanto alla pietà" e per George, vuoi essere adorato stasera!

Fai la doccia, lavati i denti, pettinati, raditi (a meno che tu non abbia un tappeto facciale... in tal caso, rasati con cura), e usa assolutamente il deodorante. Se ti piace, aggiungi uno dei deodoranti per il corpo "come hither" o una colonia che attragga il sesso opposto. Assicuratevi di indossare vestiti puliti e non dimenticate quello che ha detto la mamma: indossate sempre biancheria pulita! Se ti piace, aggiungi uno dei deodoranti per il corpo "come hither" o un profumo che attragga il sesso opposto. Mettiti nello stato d'animo, spirito, corpo e mente per essere la più bella vista agli occhi dei tuoi potenziali clienti.

Il passo successivo è dare un'occhiata a ciò che ti circonda. Probabilmente hai scelto un bar o un club come luogo d'elezione e la probabilità di incontrare qualcuno è alta. Che sia o meno la tua prima scelta non è rilevante, dato che vuoi solo scopare.

Questo può essere qualsiasi cosa, dal disprezzo intenzionale a una battuta di rimorchio. Valuta la situazione e scegli ciò che è giusto per te. Non appena l'hai completato sull'interesse, è il momento di adottare un gioco di palla! Molto probabilmente, avete entrambi lo stesso programma. È tardi, siete entrambi senza un "partner" e cercate un giro veloce con qualcuno di nuovo. Chiudete l'affare con una proposta invocante, e avrete vinto la gara.

Come far entrare il tuo uomo nell'atmosfera

Una grande quantità di lavoro va nello scoprire esattamente come ottenere le donne nello stato d'animo per il sesso, ma che dire degli uomini? Anche loro sono degni di un po' di gioco e di coccole, quindi ragazze (e signori) è il momento di imparare di più sul vostro partner e anche precisamente come metterlo in vena in modo che possiate avere il sesso profondo o sorprendente ed entusiasta che avete sempre desiderato.

Una doccia calda

E non intendo solo la temperatura. Una doccia calda lenisce i dolori di una lunga giornata e l'acqua calda aiuta a lubrificare i massaggi. E poi, essere nudi l'uno con l'altro in uno spazio vaporoso è un mezzo fantastico per iniziare. Che sapeva che essere puliti poteva essere così sporco?

Un massaggio erotico

Il tuo uomo ha la schiena indolenzita e la sensazione di "scricchiolio" (cioè, le sue ossa e articolazioni scoppiano e si spezzano)? Apprezzerà una terapia di massaggio sensuale a molti livelli. Fallo spogliare e poi sdraiati con la schiena su alcuni cuscini. Iniziate dalle sue articolazioni della caviglia e dalle ginocchia e fatevi strada attraverso la sua zona addominale e la parte superiore del corpo e le spalle. Usate dell'olio per massaggiare il suo pene e i testicoli (con attenzione!) Facendo questo, lo fate rilassare ed eccitare, ma anche gestire le sue esperienze e quanto velocemente va ogni piccola cosa. Lo riscalderai e allo stesso tempo lo rilasserai.

-Lasciare che sia

Un'ultima idea, forse strana, è quando lui ha una frazione di secondo in cui non sta pensando al sesso, lasciatelo fare! Accoccolatevi, coccolate e abbracciate senza alcuna aspettativa di sesso e vedrete che vi farà eccitare più di quanto non sarebbe mai stato certamente se gli saltaste addosso. Anche il maschio più arrapato ha bisogno di tempo per caricarsi, quindi dandogli questa possibilità, stai mostrando rispetto e moderazione, entrambi i quali lo faranno impazzire quando sarà di nuovo il momento dell'evento principale.

Per avere il miglior sesso possibile, devi sapere che entrambi i compagni devono essere coinvolti, e anche questo indica che il tuo uomo è stato trattato con lo stesso rispetto per i preliminari che vorresti avere tu. Assicurati di passare un po' di tempo ad eccitarlo e non solo mostrerai il tuo rispetto e il tuo amore, ma sarai anche ricompensata da un sesso eccezionale!

Tecnicamente parlando, essere attraente è qualcosa che puoi essere in qualsiasi momento della giornata. Smettete di pensare che essere attraenti sia qualcosa con cui siete nati o che si è solitamente e geneticamente raffinato in alcuni fortunati esseri umani. Essere irresistibili e sexy è un'abilità, un'abilità che può essere appresa e sviluppata. Le influenze possono essere estremamente utili, e alcune lezioni sull'autostima e le immagini possono aiutarti, ma più spesso che no, può essere attraverso il potere della mente. Quindi, se vi siete soffermati di più sulle vostre instabilità e problemi di sé, è il momento di risolverli finalmente e andare su un nuovo obiettivo - qui sotto ci sono i modi migliori su come essere allettanti e sexy per gli uomini - fatelo cadere per le vostre bellezze, finalmente!

Diventa audace e giocoso. La comunicazione non verbale è eccezionalmente vitale, specialmente se si tratta di attrazione e seduzione. La sottigliezza può essere incredibile; ecco perché vale la pena conoscere la giusta combinazione di segnali da inviare al sesso opposto per farlo diventare avventuroso e flirtare anche con te.

-Tentare di sentirsi e apparire sempre bene. Questa regolazione è estremamente critica. La fiducia in se stessi è una necessità se si desidera attrarre il maschio dei vostri sogni. Tecnicamente, non siamo assolutamente niente senza fiducia. È la cosa stessa che ci fa andare avanti nella vita, nell'amore e nell'occupazione. Quindi inizia a costruire la tua.

Imparate a stuzzicare la sua immaginazione. Non fare il tipo di atteggiamento "quello che vedi è quello che ottieni". Essere seducente significa che devi stuzzicare il suo interesse e la sua creatività. Fallo interessare di più a te, e lo avrai incollato a te per tutto il tempo che vuoi.

Non essere anche desiderosa di attenzione. Sii forte, ragazza, non c'è bisogno di essere bisognosa e disperata per la sua attenzione. Gli uomini amano le donne sicure di sé, che hanno una vita e non faranno cose stupide per l'attenzione di un uomo - questo è semplicemente troppo pietoso per le parole. Quindi continua con il tuo regime (ma cedi agli impulsi di tanto in tanto).

Sii un enigma. Vuoi che lui torni indietro per avere di più di te? Non spargere ogni singola caratteristica della tua vita in una frazione di secondo. Ucciderà lo stato d'animo e ti renderà poco eccitante. Rilassati e sii più misteriosa... gli piacerà.